EXAMEN

RAISONNÉ

DE L'ÉTAT ACTUEL

DE LA FRANCE.

EXAMEN

RAISONNÉ

DE L'ÉTAT ACTUEL

DE LA FRANCE,

SOUS LES DIFFÉRENS RAPPORTS

DU SYSTÈME DE GOUVERNEMENT ADOPTÉ PAR SES MINISTRES,

DE L'APPLICATION ET DES CONSEQUENCES DE SES LOIS FONDAMENTALES,

ET DE SA POSITION DANS L'ORDRE POLITIQUE DE L'EUROPE;

Par le Baron Ernest de Liebhaber,

Major, Chevalier de l'Ordre Royal et Militaire de Saint-Louis.

Quamquam præclare Socrates, hanc viam ad gloriam proximam et quasi compendiariam dicebat esse si quis id ageret, ut, qualis haberi vellet, talis esset. Quod si qui simulatione, et inani ostentatione, ficto non modo sermone, sed etiam vultu, stabilem se gloriam consequi posse rentur, vehementer errant Vera gloria radices agit, atque etiam propagatur ficta omnia celeriter, tanquam flosculi decidunt, nec simulatum potest quidquam esse diuturnum MARC. TULL. CICER. *De Officiis,* lib. II, § XII.

PARIS.

CHEZ AVRIL DE GASTEL, LIBRAIRE-ÉDITEUR,

BOULEVART BONNE-NOUVELLE, N° 55;

MAZE, LIBRAIRE,

RUE DU COLOMBIER, N° 9;

ET CHEZ PONTHIEU, LIBRAIRE AU PALAIS-ROYAL.

MAI. MDCCCXXVI.

IMPRIMERIE DE DAVID,

BOULEVART POISSONNIÈRE, N.º 6.

AVANT-PROPOS.

Un *Essai historique sur la politique des principaux états de l'Europe et sur l'origine de leur droit public*, devait précéder cet ouvrage et lui servir d'introduction ; mais trouvant que cet essai méritait de plus grands développemens, j'ai pris la résolution de le publier séparément et plus tard.

Quant à l'examen qui est l'objet de cet écrit, je le livre au public, non comme le manifeste d'un parti, mais comme l'expression de mon propre sentiment, comme le raisonnement impartial d'un homme ami de son pays, et qui voit avec peine jusqu'à quel point on ose compromettre son avenir.

Il est possible que des personnes d'opinions fort différentes, blâment également mes principes ; mais ces opinions, si opposées entre elles, ne sont pas l'expression du vœu national, et c'est ce vœu que j'ai dû m'appliquer à reconnaître. Les hommes qui n'ont vu, dans la restauration des Bourbons sur le trône de France, qu'une satisfaction personnelle à nos princes, et ceux qui ne veulent y voir qu'une réaction de la royauté sur les droits des peuples, sauraient difficilement me comprendre. Considérant le grand événement de la restauration sous un point de vue plus élevé, je n'y ai vu que l'alliance, ou plutôt l'heureuse réconciliation du principe monarchique avec le principe des libertés populaires.

C'est dans ce sens que j'ai tracé le parallèle entre ce qui est chez nous, et ce qui devrait y être; entre le système de gouvernement adopté par nos ministres, et celui qu'indique l'esprit de nos lois fondamentales. Le contraste est grand, sans doute; et quoiqu'en disent nos hommes d'état en place, il faudra bien qu'on se décide à le reconnaître. L'époque où le budget doit être discuté dans les chambres, m'a paru un temps convenable pour signaler et l'abus et le remède. Les hommes du pouvoir traiteront de vision tout ce que j'avance; mais le public examinera. C'est à lui que je m'adresse; il est le seul juge dont je puisse reconnaître la compétence.

EXAMEN

RAISONNÉ

DE L'ÉTAT ACTUEL

DE LA FRANCE.

PREMIÈRE PARTIE.

La France selon le système de gouvernement adopté par le ministère.

Bientôt douze années se seront écoulées depuis que le père de la patrie jeta sur notre sol les plus pures semences d'union, de force et de liberté. Quoiqu'un orage affreux fût venu détruire presqu'à l'instant jusqu'à l'espoir de la récolte, Louis ne se rebuta point. Cultivateur soigneux du champ qui devait nourrir ses enfans, il y jeta de nouveau la précieuse semence. Il suffisait, en effet, d'en réchauffer les premiers germes, pour obtenir en peu de temps des fruits de vertu, de gloire et de prospérité.

Mais Louis fut obligé d'abandonner ce soin à des mains mercenaires. Sous la dépendance de quelques enfans ingrats, l'intendant qui en fut chargé, loin de surveiller la récolte naissante, comme il en avait fait la promesse, foula le champ

de la liberté, sema l'ivraie au milieu du bon grain,
et l'ivraie s'est levée, verdoyante d'abord, comme
l'espérance. Mais bientôt desséchant le sol, ses
tiges ont menacé d'étouffer la bonne récolte
avant qu'elle pût commencer à mûrir. En vain,
dès ce jour, mille cris confus se sont élevés pour
annoncer le danger pressant, pour obtenir qu'on
arrachât les plantes parasites. L'intendant a ri de
nos alarmes; mais tout bas il a dit aux hypocrites
amis du chef de la famille : « Laissons croître en-
» core; le bon grain, le grain semé par le maître,
» sera bientôt étouffé; alors nous donnerons un
» nouveau labour à ce champ qu'on se sera cru
» forcé d'abandonner; nous sèmerons, et nous ré-
» colterons à notre seul profit. »

Aujourd'hui, le maître est mort rassasié de
jours et d'amertume. Par un premier acte de propriété son héritier a voulu ranimer l'espoir des
enfans de la grande famille ; mais toujours esclave
de la cabale ennemie et soutenu par elle, l'intendant continue de disposer des droits de tous, et de
compromettre l'héritage d'amour et de confiance
que Louis avait légué à son successeur.

Cette figure, lecteur, est l'image fidèle de notre
existence politique depuis un certain nombre
d'années.

Le roi nous avait donné des lois fortes de sagesse
et de bienveillance. Il ne manquait à notre code
politique, qu'un petit nombre de dispositions com-
plémentaires, pour qu'il fût un des meilleurs de ceux

qui régissent les peuples libres de l'Europe ; mais, prenant prétexte de cette nécessité de compléter notre législation, des hommes mal intentionnés veulent en faire un instrument de despotisme et d'oppression. Déjà nos principales libertés sont mises à néant; encore quelques années, quelques jours peut-être, et la Charte, objet de notre vénération comme de nos espérances, ne sera plus qu'un pacte de déception d'autant plus perfide, qu'il aura conservé quelqu'apparence de libéralité. Alors, que sera la France dans son intérieur? que sera t-elle dans l'ordre politique de l'Europe? Elle sera plus faible dans son ensemble et pire dans son administration, qu'elle ne fut sous Louis XV. Plus faible, parce qu'avec des besoins plus grands et plus pressans, ses ressources seront presque taries; plus faible encore en raison de tout ce que les autres puissances de l'Europe auront gagné de force, d'influence et de prospérité : pire dans son administration, parce qu'elle ne pourra plus opposer au débordement du pouvoir, ni ses vieilles lois, ni cette méfiance réciproque du gouvernement et des peuples, frein salutaire d'une autorité mal définie, ni cette haute aristocratie, puissance obligée dans tout état où le trône est héréditaire, puissance que les préfets et les gendarmes remplacent aujourd'hui d'une manière moins incommode pour les grands mandataires de la couronne. C'est là ce qu'on semble craindre généralement; c'est là ce que redoutent surtout les hommes éclairés qui ont connu l'ancien régime, qui ont été témoins ou acteurs dans la transition de notre ordre politique d'alors, à l'ordre politique actuel.

Nous osons ajouter que, sous plus d'un rapport, l'ère de décadence que nous venons de signaler est déjà commencée. C'est ce que nous prouverons sans peine dans la première partie de cet écrit. Dans la seconde partie, nous indiquerons les institutions qui nous semblent nécessaires pour assurer notre indépendance nationale et la conservation de ce qui nous reste de liberté politique. La troisième enfin, sera consacrée à l'esquisse des intérêts, de l'ambition, ainsi que des moyens moraux et matériels des principales puissances de l'Europe.

———

Quand nos princes remontèrent sur le trône de leurs pères, trois systèmes de gouvernement semblaient plus particulièrement s'offrir à leur attention, parce que chacun de ces systèmes répondait à une opinion plus ou moins accréditée en France.

Le premier était celui de la législation ancienne si bien caractérisée par cet axiome : « *si le veut le roi, si le veut la loi.* » Quelques hommes d'état ne trouvaient pas d'inconvénient à son adoption. Il ne s'agissait, selon eux, que de détruire tout ce qui existait, que de relever tout ce qui était tombé en ruine, que de recomposer l'armée de ces vieux défenseurs du trône, qu'on supposait toujours animés du même zèle, parce qu'aucun d'eux n'avait encore éprouvé l'ingratitude du gouvernement royal ; parce qu'aucun d'eux ne pouvait le soupçonner capable de vouloir un jour flatter, à ses dépens, des mécontentemens qu'il pouvait calmer par des procédés plus dignes de lui, que ceux qu'il a depuis employés.

Ce parti ne paraissait ni le plus juste, ni le plus sage ; mais, à raison de l'esprit qui animait les alentours du prince, il avait du moins le mérite de la franchise.

D'autres auraient désiré que les Bourbons ne changeassent rien aux constitutions de l'empire. Cette proposition semblait flatter surtout les zélateurs du pouvoir absolu et du système de centralisation. Des partisans de Napoléon l'appuyaient par d'autres motifs, sans doute ; mais le principal mérite de ce gouvernement existait moins dans les institutions que dans les qualités personnelles du chef de l'état. Sous Napoléon, c'était un despotisme policé ; après lui, ç'aurait été le despotisme du Bas-Empire. Le roi n'en voulut point. Il avait d'autres titres que ceux que lui donnaient un *Sénatus-consulte*, et la proclamation du gouvernement provisoire. Il avait surtout à mûrir d'autres pensées que celle d'assurer son pouvoir personnel au détriment de la liberté de ses peuples. Le roi crut avec raison, qu'il convenait de satisfaire aux vœux de vingt-cinq millions de Français : de consulter les besoins de tous ceux que la providence avait ramenés sous son autorité paternelle : la Charte fut donnée dans cette intention. Espèce de jugement, d'accord passé dans la cause litigieuse de la révolution, cette Charte fut reçue partout comme une réponse consolante, aux doléances de la nation. Sans doute elle dut aussi froisser quelques intérêts; mais elle assurait l'action de deux grands mobiles de la prospérité publique, l'autorité du prince et la liberté des citoyens. Le reste pouvait être réparé par des mesures de détail, en tant que l'exigeaient la justice et la loyauté nationales.

Rien ne devait être plus facile qu'un gouvernement conforme aux principes de ce code de nos libertés. Le roi, sans doute, l'avait adopté de bonne foi; mais on sait qu'il n'en fut pas de même des ministres. Ceux-ci né cessèrent de fausser nos institutions, ni de tromper le monarque. On conçoit à peine, par quelle fatalité les hommes de toutes les opinions et de tous les partis, que l'intrigue ou les hasards ont successivement portés au pouvoir, se sont toujours accordés à miner en sens divers, l'échafaudage de nos libertés. L'ivresse du pouvoir suffirait-elle pour produire ce fâcheux résultat? Nous ne saurions le croire. Chez nous, quelques hommes de bien sont arrivés à la tête des affaires; ils n'ont pu y tenir, au lieu que moins délicats, et surtout moins francs, d'autres sont restés dans les postes les plus élevés, sans trouble et en bravant toutes les lois de la pudeur.

Voyons, au contraire, chez une nation voisine, l'administration de l'état soutenue plutôt qu'attaquée par les chambres et par la presse, inamovible, pour'ainsi dire, et resserrant incessamment les liens qui unissent les peuples et le monarque. En France, c'est l'inverse; aussi, rien n'y annonce-t-il plus clairement une influence placée au-dehors de toute autorité visible. Cette mystérieuse influence serait peut-être assez facile à signaler; toutefois nous nous abstiendrons de le faire, parce qu'il est des bornes que nous ne voulons pas franchir. C'est à un faux système de gouvernement, et non à des individus que nous ferons la guerre.

Le lecteur ne trouvera donc pas, dans cet écrit, plus d'accusations qu'il n'en faut pour justifier nos raisonnemens. Encore, beaucoup de ces abus que nous avons à signaler, ne sont-ils pas l'œuvre des ministres actuels; mais ils subsistent, et cela suffirait pour charger la responsabilité de ceux qui les maintiennent.

Arrivons maintenant à notre sujet. D'abord, il convient de considérer le gouvernement du roi, dans la position qu'il a prise dès la restauration.

Cette position a été fausse de tout temps. On a renoncé aux règles du bon sens, pour introduire dans les principes qui se rattachent aux droits souverains, des sophismes mystiques que personne ne veut reconnaître pour des articles de foi, tandis qu'il était si facile de porter les esprits à vénérer une autorité tutélaire, instituée dans l'intérêt de la société. Nous reconnaissons tous, que le Roi peut et doit s'intituler : *Roi par la grâce de Dieu*. Nous reconnaissons encore, que l'obéissance qui lui est due, est commandée par les lois divines et humaines ; mais notre foi n'est pas assez robuste pour adopter le principe d'une institution divine, *indépendante* de toute autre délégation ; principe que Charlemagne même n'osa soutenir qu'avec réserve, et que Hugues Capet eut la pudeur de ne point invoquer, lorsqu'il arracha le sceptre des mains débiles du dernier Carlovingien. Nous irions loin en suivant ce sophisme, inventé par la cour de Rome au profit de la théocratie, et pour l'asservissement des rois ; sophisme reproduit, nous osons le dire, par le ministère de la France constitutionnelle. En confondant ainsi le droit de succession à la couronne avec l'étendue des droits souverains, quoique l'un fût hors de question, tandis que l'autre ressort évidemment du code de notre constitution, on a pris l'effet pour la cause, le corps qui agit pour la base qui lui sert d'appui. Il en est résulté, qu'au lieu d'être la condition implicite de toute autorité, comme de toute soumission, la Charte n'a plus été considérée que comme un acte d'immunité révocable, ou sujet à modification arbitraire. Dans la première hypothèse, ce pacte offrait par ses dispositions et par sa nature toutes les garanties d'inviolabilité ; dans la seconde, il n'était plus qu'un code réglementaire, sujet à changement, comme nous venons de le dire. Nous serons obligés de revenir à cette grave question. En attendant, nous croyons pouvoir conclure, que le premier effet de cette interprétation a été l'affaiblissement de la confiance des sujets, dans la sainteté des promesses royales. Ce doute, touchant l'accomplissement de ces promesses, s'est changé en une triste certitude, depuis qu'on a vu proposer et voter des lois contraires au texte formel de la Charte. De là, un malaise général qu'on signale de toutes parts, et qui n'est pas sans danger. Nous sommes convaincus avec le Roi, que sa fermeté saurait réprimer toute manifestation illégale de mécontentement ; mais il nous semblerait plus heureux d'employer à temps, des remèdes moins pénibles. Dans une circonstance semblable, le feu Roi rendit l'ordonnance du 5 septembre 1816. Sans discuter sur le mérite et sur l'opportunité d'une telle mesure, il nous suffira de faire remarquer, qu'aujourd'hui on n'aurait pas même la faculté d'y recourir ; car la révision qu'on craignait alors est presque faite. Toutefois, il reste d'autres moyens ; en les employant, on pourrait, du mal même faire ressortir le bien. Nous en parlerons dans la seconde partie de cet écrit. En attendant, pour ne laisser sans preuves aucune de nos assertions, voyons jusqu'à quel point les plaintes publiques sont fondées. Pour atteindre à ce but, nous n'aurons qu'à employer le moyen le plus simple et le plus sûr. Ouvrons la Charte ;

examinons si ses dispositions les plus essentielles ont toujours reçu leur exécution ; citons à côté du texte original, les lois et quelques autres dispositions par lesquelles on peut y avoir dérogé.

D'abord, en considérant avec attention ce grand acte politique, nous sommes frappés du double caractère dont il porte l'empreinte. D'une part nous trouvons qu'il redresse tous les griefs qui furent le motif de notre sanglante révolution ; de l'autre, qu'il abroge toute ancienne prétention, tout ancien droit politique qui n'y seraient pas consacrés par une nouvelle stipulation. Il en résulte une obligation forcée pour les administrations et pour les législatures subséquentes ; c'est que, sous peine de nullité, ou du moins sous peine de subir les suites d'une épouvantable confusion , ni les unes ni les autres ne sauraient contrevenir par des actes quelconques au texte de cette loi fondamentale. L'examen que nous allons en faire nous montrera jusqu'à quel point *on a su* s'en écarter.

L'article Ier de la Charte consacre le principe,*que les Français sont égaux devant la loi, quels que soient d'ailleurs leurs titres et leurs rangs.*

• Cette disposition importante, cette disposition si clairement exprimée est-elle observée ?

Oui, en tant que cette exécution dépend de tribunaux légalement institués, et composés de juges inamovibles et indépendans; non, en tant qu'elle dépend de l'autorité administrative; non en tant qu'il s'agit d'une discussion entre un ci-

toyen et un agent de cette même autorité; non
en tant qu'il s'agit de la prétendue compétence du
conseil d'État, pouvoir inconstitutionnel dont les
décisions plus ou moins sujettes à l'influence du
pouvoir exécutif, peuvent, selon la circonstance,
n'avoir pour objet qu'un déni de justice, qu'un
brevet d'impunité. Nous sommes loin de contester
l'utilité dont peut être le conseil d'État sous d'autres rapports; mais, dans le cas que nous venons de
citer, ce conseil ne devrait être simplement qu'une
commission d'enquête dont les avis ne serviraient
que de consultation et de renseignement à l'autorité judiciaire. Jusque-là, nous sommes fondés à
dire, que l'égalité devant la loi, telle que la Charte
l'établit entre les citoyens, n'existe que partielle-
ment (1).

L'article 3 de la Charte dit : « *Tous les Francais
sont également admissibles aux emplois civils et
militaires.* »

Cela signifie, sans doute, que les services et le
mérite doivent fixer le choix du gouvernement,
à l'exclusion de tout droit de naissance, de toute
protection d'anti-chambre et de coterie. Jetons

___

(1) Nous ne parlons pas ici de la loi que le gouvernement
vient de proposer pour rétablir le droit d'aînesse. Cette loi
dont les dispositions les plus abusives sont déjà rejetées
par la chambre haute, n'est pas encore promulguée. Mais
qu'elle le soit ou qu'elle ne le soit pas, elle sera toujours
une preuve de plus de la *tendance* du ministère vers une législation proscrite, et de son mépris pour nos droits.

maintenant nos regards sur les premiers rangs de l'armée, sur les différens ministères ; nous trouverons dans la première, des officiers généraux dont les services de fraîche date mériteraient tout au plus le grade de capi aine ; des officiers supérieurs encore imberbes qui n'ont jamais vu le feu d'un camp ennemi, tandis que des hommes distingués et honorablement signalés sur les champs de bataille, languissent dans l'oubli, et souvent dans un état voisin de l'indigence. On nous dira que les différens ministres qui se sont succédés au département de la guerre, n'ont jamais approuvé ces scandaleuses promotions, mais qu'on leur a forcé la main. Cela se peut ; mais cela ne les excuse pas.

Quant à la composition du ministère, elle n'est pas moins étonnante. Sur huit ministres, on en signalerait à peine quatre qui réunissent à de véritables talent, des services et l'habitude des affaires. Les autres doivent leur élévation à des protections de cour, qui, du fond de leur obscurité, les ont fait monter en un jour jusqu'au niveau des marches du trône. Quelle que pût être d'ailleurs leur capacité personnelle à l'époque de leur promotion, elle n'avait encore été mise en évidence, ni signalée par aucun service. On dit à ce propos que le Roi ne doit compte à personne des motifs qui ont décidé sa confiance. Soit, mais il n'en sera pas moins vrai, que dans les États constitutionnels, la confiance nationale doit accompagner celle du monarque. C'est dans ce sens, que nous expliquons fort bien l'élévation du président du conseil qu'une certaine importance parlementaire semblait désigner au choix du feu Roi. Mais les autres ministres ont été proposés par ce même président qui, sans doute, avait consulté pour cela, et le bon plaisir de certains individus, et le plus ou moins de docilité des candidats qui lui étaient désignés. A voir la singulière composition du ministère qu'il a formé, on dirait que son seul objet a été d'y dominer en maître, en établissant un grand contraste entre lui et ses collègues. Pour obtenir un tel effet, jusqu'où n'a-t-il pas été forcé d'abaisser ces derniers ! Admettons ce qui n'est que trop vrai, que chaque ministre ait voulu dans le choix de ses alentours, chercher le moyen de l'imiter ; que d'infractions, pour y parvenir, n'ont-ils pas dû faire à l'article 3 de la Charte ?

L'article 4 de la Charte, n'offre pas moins matière à de fâcheuses réflexions : « *La liberté individuelle*, y est-il dit, *est également garantie ; personne ne pouvant être poursuivi ni arrêté que dans les cas prévus par la loi.* Cela n'empêche pas qu'un homme taré, souvent même repris de justice, n'arrête un citoyen, sans autre formalité que l'exhibition d'une carte d'agent secret de la police. Il y a méprise de personne ou absence de tout motif légal ; mais le citoyen innocent n'en ira pas moins en prison, il y sera confondu avec des criminels, et n'en sortira qu'après avoir subi pendant plusieurs jours les plus rudes épreuves. Tou-

tefois ce n'est pas dans ces méfaits que nous trouvons qu'il y a infraction à la Charte, mais bien
dans la scandaleuse impunité dont jouissent trop
sonvent leurs auteurs. Nous trouvons encore l'infraction plus manifeste dans cet attentat à la sûreté des personnes, par lequel on a fait languir
dans les cachots, pendant plus de quatre mois,
des citoyens du premier rang, sous prétexte de
conspirations dont on n'a pu même justifier le
soupçon (1); et dans cette infâme provocation à
la révolte faite par les agens de la police à une
des populations les plus loyales de la France (2),
dans le seul but de prouver l'importance et la nécessité d'un ministre dirigeant, dont la faveur com-
mençait à décliner. De tels faits ne sont que trop
avérés, et prouvent jusqu'à l'évidence, qu'à une
certaine époque, on était peu scrupuleux sur l'observation des lois. Ce qui fut fait alors peut être
fait encore par d'autres individus, dans d'autres
circonsiances. Notre observation tomberait d'elle-
même, si la peine avait suivi de près le forfait;
mais elle subsiste dans toute sa force, tant que de
pareilles machinations resteront impunies. Dans
un pays voisin, dont le gouvernement est assez

______

(1) L'affaire du général Cannuel.

(2) La prétendue conspiration de Colmar. On se rappelle
que quelques escadrons de cavalerie, conduits par des agens
de la police, parcoururent plusieurs villages du Haut-
Rhin en criant : *vive l'empereur !* heureusement, aucun des
habitans ne se laissa entraîner par ces provocations infâmes.

absolu, une conduite semblable, mais beaucoup moins noire, valut la dégradation et l'emprisonnement perpétuel au ministre qui s'en était rendu coupable ; tandis qu'en France, ce même fonctionnaire aurait pu en être quitte pour une honnête disgrâce, et obtenir même le titre de duc et le cordon bleu (1).

Nous trouvons dans l'article 5 de la Charte, que *chacun professe sa religion avec une égale liberté, et obtient pour son culte la même protection.*

La liberté de conscience n'a pas encore reçu chez nous d'assez graves atteintes, pour qu'il soit vrai de dire qu'elle n'existe que de nom. Mais on s'achemine, pour ainsi dire, vers une position d'où elle fut autrefois menacée. Plusieurs actes empreints de partialité, ont excité de fâcheux soupçons. Dans un pays où cette liberté a été si souvent détruite, en dépit des sermens les plus solennels, où les dissensions, en matière de religion ont été le principe des guerres les plus sanglantes, on ne saurait de part et d'autre, être assez circonspect, lorsqu'il s'agit d'une question de cette nature (2). *La femme de César ne doit pas même être soupçonnée.* Les promesses et les

___

(1) Nous voulons parler de l'affaire de M. de Manger, ministre de la police de l'électorat de Hesse.

(2) Pour prouver la nécessité de cette circonspection, il suffirait de rappeler l'indigne persécution dont les protestans du Languedoc furent l'objet en 1815, et que le moindre signal peut faire renouveler encore.

sermens du roi très-chrétien ne mériteraient-ils
pas le même égard ?

Nous arrivons à une autre liberté fort importante, consacrée par l'article 8 de la Charte. Nous
voulons parler de *la liberté de la presse*. Naguère
encore elle fut suspendue sans aucun motif pal-
pable. Le Roi nous l'a rendue; mais si nous sommes bien informés, nos ministres seraient aujour-
d'hui, tout gros de la pensée, de lui susciter de
nouvelles entraves. Nous y verrions le plus triste
aveu de leur faiblesse, la preuve la plus indubi-
table d'un système anti-constitutionnel. Dans un
état représentatif, l'autorité ne s'effraie pas d'un
peu de bruit. La libre manifestation de l'opinion,
même de celle des classes inférieures, est à la fois
l'âme et la sauvegarde des institutions. Des ministres qui seraient bien pénétrés de cette maxime,
ne trembleraient pas au tumulte d'une élection ;
le cri : *vive la Charte!* ne leur paraîtrait plus une
déclaration de guerre. Combien de haines, d'opposition et de troubles, disparaîtraient pour faire
place à l'ordre et à la concorde, si l'autorité
voulait sentir cette vérité, historique pour nous,
que ce n'est point l'esprit de liberté, mais l'intrigue et l'audace d'une faction formée à l'ombre
d'une grande ambition et presque sur les marches du trône, qui a rendu la révolution si fatale à la royauté. Combien, en un mot, ne pour-
raient-ils pas donner de force et de stabilité à
l'autorité tutélaire du prince, si, pleins de l'es-

prit de nos institutions, ils savaient distinguer dans l'opposition qu'ils rencontrent. et dans l'impulsion à laquelle ils obéissent avec tant de faiblesse, ce qu'il peut y avoir d'alliage pour ne s'attacher qu'à tout ce qui est propre à favoriser la prospérité de la grande famille? C'est dans les fausses démarches de l'autorité, et non dans la libre manifestation des mécontentemens qu'elle provoque, que se trouve le danger. Nous ne sommes pas toutefois assez exclusifs dans notre système, pour ne pas admettre que l'autorité ne puisse et ne doive exercer une grande influence sur l'opinion publique; mais ce doit être une influence morale dont l'exemple est, si l'on fait le bien, le plus puissant mobile, et non celle qu'on obtient par des moyens de contrainte. Il faut savoir guider les pas d'un peuple jeune encore dans la carrière de la liberté, mais jamais on ne doit essayer de forcer ses goûts.

Poursuivons encore l'examen de l'application faite par le pouvoir des dispositions contenues dans la loi fondamentale, et nous reconnaîtrons de plus en plus, combien, faute de les mettre en accord avec les principes de cette loi, chacun des actes législatifs et administratifs, implique contradiction avec l'ensemble de la législation.

L'article 9 de la Charte, consacre *l'inviolabilité des propriétés, sans aucune exception de celles qu'on appelle nationales.*

Ce n'est pas, sans doute, sans de graves motifs

que le Roi a voulu que cette clause fût insérée dans la Charte. Ces motifs étaient-ils de complaisance, de nécessité, ou bien de politique? La première supposition serait ridicule et même odieuse. La seconde ne saurait être adoptée que dans un sens moral; nous rejetons la troisième comme la première, parce qu'il nous est impossible d'admettre qu'un roi de France ait voulu sacrifier le droit même douteux d'une partie de ses sujets, des compagnons de son exil, aux prétentions des possesseurs des biens de ces infortunés proscrits. Le besoin même d'assurer par ce sacrifice, la paix publique, ne suffisait pas pour légitimer l'article 9 de la Charte, si l'on n'était pas d'ailleurs forcé de reconnaître la légalité de la vente. Cette reconnaissance a donc eu lieu : l'article 9 de la Charte le suppose forcément.

En effet, c'est un principe reçu dans tous les pays, que le sujet ne saurait être rendu responsable des actes de l'autorité de fait, quelle qu'en soit d'ailleurs l'origine. L'autorité de fait est celle qui a le pouvoir en main, qui dispose de la force nécessaire pour se faire obéir exclusivement, qui rend des décrets, des lois et des arrêts judiciaires. Non-seulement le sujet n'est pas libre de se soumettre ou de ne pas se soumettre à cette autorité même usurpée, mais il est *tenu* de lui obéir, parce que la société ne saurait rester sans gouvernement, et parce que tout gouvernement, quel qu'il soit, est toujours institué dans l'inté-

rêt de cette société. Lorsque, par l'effet d'une révolution quelconque, la tyrannie cesse pour faire
place à l'autorité légitime, celle-ci peut abroger
par de nouvelles lois, tout ce qui a été prescrit
ou institué pendant l'interrègne; mais ces lois ne
peuvent avoir d'effet rétroactif, par ce principe
que *nul ne peut servir deux maîtres*, et que l'effet
rétroactif donné à une loi quelconque, serait le
nec plus ultrà de l'arbitraire.

Or, à l'époque de la restauration, les Bourbons,
se sont précisément trouvés dans cette position.
La révolution avait été pour eux, pour les défenseurs de leur cause, pour tous les Français un horrible bouleversement qui avait renversé les uns,
élevé les autres. On avait beau abroger les lois révolutionaires, tout ce qu'elles avaient eu de resul-
tats, devait demeurer comme un droit acquis, sous
peine, dans le cas d'un retour sur le passé, de
remplacer la tyrannie par la tyrannie. Les émigrés
restaient donc sous le coup qui leur avait été porté
par les lois révolutionaires, en tant qu'il s'agissait de
l'aliénation de leurs biens; les acquéreurs de ces
biens étaient et demeuraient légitimes propriétaires, pour avoir acquis, selon les formes légales,
des biens confisqués par suite de jugemens rendus
en vertu des lois existantes. L'état seul restait dans
une position équivoque à l'égard des propriétaires dépossédés; le droit écrit, la loi en un mot,
le déclarait libéré; le droit naturel au contraire,
et la religion et la probité lui commandaient de

restituer ce qu'il avait recueilli du grand naufra-ge; mais il n'avait pas le droit de l'offrir à titre d'indemnité. En agissant ainsi, le pouvoir législatif s'établissait juge d'un procès qui était hors de sa compétence, sur lequel l'autorité judiciaire avait prononcé en dernier ressort, et conformément aux lois établies; il remettait en question un de nos plus graves intérêts politiques, et revenait sur le passé d'une manière alarmante; conclusion, qui, sans doute, paraîtra sévère à ceux qu'une loi récente vient d'autoriser à demander comme indemnité ce que nous prétendons ne leur devoir être donné que par forme de consolation; mais qui n'en est pas moins fondée en droit, et basée sur des décisions analogues dont l'autorité nous paraît assez imposante.

Nous disons que notre conclusion est fondée en droit, parce que les lois romaines comme nos lois actuelles, sont d'accord avec les principes que nous venons d'invoquer. Quant à l'autorité que nous avons à citer, nous la trouvons dans le traité de paix de *Westphalie* (1). Chacun sait que ce traité, chef-d'œuvre de jurisprudence et de diplomatie, ne fut pas seulement une transaction entre souverains, c'est-à-dire un acte de pure diplomatie, mais qu'il eût à régler des points litigieux entre les souverains d'Allemagne et leurs vassaux. Ces points touchaient à la fois aux droits de propriété à

(1) En 1648.

la possesion de différens priviléges, aux libertés civiles politiques et religieuses, ainsi qu'à des questions de criminalité. Déjà d'accord de faire décider ces graves intérêts, d'une manière conforme aux lois et aux droits des gens, les souverains firent appeler dans les villes de Munster et d'Osnabruck, les plus célèbres légistes de Suède, de France, d'Italie et d'Allemagne. L'obligation de faire toute réparation possible fut reconnue en principe général. Entre autres questions, on agita celle de savoir quel sort on ferait aux sujets autrichiens et bohémiens qui, ayant émigré pour cause de refus d'abjuration de leur religion, avaient eu leurs biens confisqués et en partie vendus ou aliénés par investiture. Après de longues contestations, et après un mûr examen des lois, usages et actes qui pouvaient avoir trait à la question : il fut décidé :

« Que les biens confisqués dans les états héré-
» ditaires d'Autriche, sur les protestans *émigrés*,
» seraient restitués, sans dépens d'usufruits, et sans
» répétition d'autres frais ; comme *sans droit de*
» *réclamation sur ceux de ces biens qui auraient*
» *été vendus ou donnés, si la confiscation avait eu*
» *lieu avant l'époque où les anciens titulaires s'é-*
» *taient fait recevoir citoyens de l'union protes-*
» *tante.* Qu'au contraire, *ils seraient rendus, en*
» *quelques mains* qu'ils puissent se trouver, si la
» confiscation était *postérieure* à cette époque. »

Ce jugement si solennellement reconnu par tout

ce qu'il y avait alors en Europe, de puissances (1),
d hommes élevés, instruits et intéressés au maintien d'une rigoureuse justice, n'eût-il pas pour
objet, une cause absolument pareille à celle des
émigrés de France? Les points de droit sur lesquels il est fondé, ne sont-ils pas les mêmes que
ceux qu'on pouvait invoquer en leur faveur? Les
uns et les autres (les émigrés d'Autriche et ceux
de France) avaient été forcés de quitter la terre
natale, pour s'être opposés à des innovations politiques et religieuses contraires à la législation
.établie.

Dans les deux pays, les novateurs (2) étaient seuls
demeurés en possession du pouvoir. Dans les deux
pays, les défenseurs de l'ancien ordre des choses,
étaient restés en armes contre leur patrie. Des lois
semblables les avaient fait spolier; une restauration
remit les uns et les autres en état de réclamer.

Pour reconnaître l'analogie de ces deux causes
remarquons surtout la différence que la sentence
établit entre les deux positions où s'étaient trouvés

____

(1) L'empire, l'Autriche, la Suède, la France et l'Espagne, les républiques de Venise et de Hollande, les cantons suisses et d'autres états.

(2) Ils étaient novateurs, les hommes qui voulurent établir en Autriche l'unité religieuse dans un temps où les lois
fondamentales admettaient la liberté de conscience. A la
vérité, le souverain s'était mis lui - même à la tête de ces
révolutionnaires, mais sa position n'en fut pas plus légale
et manqua même lui devenir funeste.

successivement les émigrés d'Autriche. Elle accorde la restitution pleine et entière de toutes propriétés confisquées sur quelques-uns d'entr'eux, depuis l'époque où ils avaient légalement changé de patrie, et de souverain. Elle ne rend que les débris du naufrage à ceux qui, conservant la qualité de sujets autrichiens avaient continué de porter les armes contre leur pays. Les émigrés français se sont précisément trouvés dans cette dernière position. Depuis leur retour, le gouvernement impérial avait commencé à leur faire quelques réparations, et par ce seul fait, il avait implicitement reconnu la cruauté des poursuites judiciaires dont ils avaient été l'objet. Il léguait ainsi au gouvernement des Bourbons l'obligation morale de réparer d'une manière plus positive et plus générale, les dommages qu'ils avaient subis dans la grande catastrophe de la révolution. Mais tout en fixant, par une loi la quotité de cette réparation, le gouvernement du Roi ne pouvait et ne devait pas en faire un bille d'indemnité, sous peine d'annuler un article de la Charte, ou de laisser planer un soupçon de mensonge sur cet article, ou sur la loi elle-même. Une indemnité suppose un dommage fait avec intention, par ceux qui sont condamnés à la payer, et cette supposition ne saurait trouver son application dans la cause dont il est ici question. Les pertes éprouvées par les défenseurs de la royauté, étaient vraiment un dommage de force majeure. On ne pouvait invoquer en réparation de ces pertes qu'un acte de munificence nationale ; car l'état de même que les acquéreurs, était légalement libéré. En reconnaissant par une loi , que *l'état* ne l'était pas, on établit de Tait la solidarité des acquéreurs, car leur cause est inséparable de celle de l'état.

Cependant les anciens propriétaires sont déclarés fondés à réclamer une indemnité. Ils disent tous, et avec raison, que la loi ne leur accorde que le quart, le tiers ou la moitié de leurs pertes. Ils recevront comme un à compte ce qu'on leur offre ; ils prendront acte du titre que leur donne la loi, et ils attendront l'occasion de le faire valoir. Cette occasion sans doute ne se présentera pas de manière à leur permettre d'agir par voie judiciaire ; mais ils trouveront le moyen de le faire d'une manière indirecte. L'État leur a rendu ce qu'il a reçu ; les acquéreurs seuls ont profité de la différence ; c'est donc sur eux qu'on voudra d'abord revenir, non par la force ouverte ; mais comme nous venons de le dire par des tracasseries et par la dépréciation de leurs biens. Ainsi, pour s'être abstenu à dessein ou sans dessein, de nommer la chose par son nom, on aura allumé de nouvelles torches de discorde, tandis qu'on devait éteindre les anciennes. Nous autres contribuables, nous pouvions attendre un meilleur résultat du sacrifice d'une rente perpétuelle de trente millions. Les auteurs de la loi sont les seuls qui n'aient pas voulu considérer la chose sous ce point de vue ; ils sont les seuls qui n'aient pas voulu y voir une menace d'infraction manifeste à l'article 9 de la Charte.

L'article 12 abolit la conscription, en maintenant toutefois l'obligation du service militaire, par l'annonce d'une loi à venir sur le recrutement de l'armée. Cette disposition un peu obscure, pour ne pas impliquer contradiction, ne peut être interprétée que dans un sens négatif. Il semblerait que le législateur abolit la conscription pour la remplacer par des levées de volontaires, ce qu'il était impossible de supposer et de faire. En effet, la loi de recrutement, laquelle depuis a été promulguée, impose la charge du service militaire telle à peu près qu'elle existait auparavant ; c'est la conscription ressuscitée sous un autre nom. Ce n'est pas là ce que le législateur a prétendu faire, il voulait rendre l'obligation du service militaire moins onéreuse ; mais on ne pouvait obtenir ce résultat que par une organisation différente de l'armée. C'est à quoi l'auteur de la nouvelle loi de recrutement n'a pas songé ; nous reviendrons sur cette intéressante question dans la deuxième partie de cet écrit. En attendant, nous sommes encore forcés ici de conclure que la législation qui maintenant règle cet objet, loin d'être un complément des dispositions bienveillantes de la Charte, n'en est que la subversion.

Le titre qui traite de la chambre des députés des

départemens, est devenu l'objet de deux nouvelles lois. L'une modifie le droit d'élection, l'autre
change toutes les dispositions de l'article 37, en
établissant le renouvellement intégral, et en
prolongeant de deux années la durée des pou
voirs des députés. Tout a été dit pour et contre
ces mesures. Nous nous permettrons une seule
réflexion qui n'est pas neuve peut-être, mais qui
paraît assez importante puisqu'on sera probablement encore dans la triste nécessité d'en faire
l'application. Nous le demandons : lorsqu'il s'a-
git de déroger expressément à un article de la
loi fondamentale, suffit-il, pour l'acquit de la
conscience des ministres, de faire juger la question par des chambres où ils peuvent dominer
au moyen d'une majorité *acquise?* Ne convien-
drait-il pas, dans ces graves circonstances, de
faire un appel à l'opinion, en prononçant la dissolution des chambres, en proclamant le motif
de cette dissolution dans l'ordonnance de con-
vocation des colléges électoraux? Il nous semble
que cette réserve serait tout-à-fait constitutionnelle, et propre à donner aux lois proposées une
force morale qui manquera toujours à celles
dont nous venons de faire mention.

Il nous reste à parler de certains droits particuliers garantis par l'état selon l'article 69 de
la Charte. Il est dit dans cet article, que *les mi-*
litaires en activité de service, les officiers et
soldats en retraite, les veuves, les officiers et

soldats pensionnés, conserveront leurs grades, honneurs et pensions.

Aucune partie de la Charte n'a été interprétée avec plus de mauvaise foi que cet article qui devait mettre à l'abri de l'indigence les défenseurs de la patrie. Ce qui paraîtra plus étonnant encore, c'est que ces interprétations soient l'ouvrage de celui de nos ministres qui se targuait le plus d'opinions constitutionnelles. Selon ses raisonnemens, le grade et les honneurs garantis par la Charte consistent, pour les officiers français, dans le droit de jouir de leur rang militaire; *mais l'emploi* ainsi que les émolumens qui y sont attachés, *restent à la disposition du ministre comme une annexe de sa responsabilité* (1).

(1) Jargon ministériel proféré à la tribune en 1818 ou en 1819. C'est M. le maréchal Gouvion St.-Cyr qui s'est plû à inventer cette manière expéditive de se débarrasser d'officiers dont l'opinion pouvait contrarier ses vues. Les injustices dont il a été l'auteur sont oubliées par ceux-là du moins qui devraient s'appliquer à les réparer; mais le principe qui les a consacrées reste, et continue de peser sur l'armée. On a dit, pour excuser cette honteuse persécution, qu'elle n'a eu pour objet que d'expulser de l'armée, des officiers nouveaux, peu intéressans par leurs services et contraires par leurs opinions à des projets non encore avoués par le ministère. Nous ne nions pas que quelques-uns n'aient eu tort, et grand tort même, de commencer leur carrière dans les armées royales de l'intérieur, au lieu de servir l'état contre l'ennemi commun ; nous ne nions

D'après l'extension arbitraire donnée par ce même ministre à l'ordonnance du 20 mai 1818, un officier français, ancien de service, couvert d'honorables blessures, peut être révoqué de son emploi, sans qu'on daigne lui permettre de se défendre, et sans qu'il lui soit possible d'avoir communication du rapport souvent exagéré ou calomnieux qui a servi de prétexte à sa disgrâce. Il reçoit ou il ne reçoit pas un misérable traite-

pas moins, puisqu'on le veut, que d'autres, en plus grand nombre, qui avaient toujours servi dans les armées de la République ou de l'Empire, n'aient eu plus grand tort encore de suivre l'exemple des premiers, en combattant pour la cause royale en 1815, (tout en croyant les uns et les autres radicalement guéris de cette manie de se sacrifier pour une chimère) ; mais nous ne cesserons de dire et de redire, que ce n'était pas au gouvernement du Roi à les en punir. Il s'est ainsi rendu coupable d'une ingratitude, de quelque chose de pis même, qui a fait sourire de pitié ses ennemis les plus acharnés. Ces officiers avaient survécu à toutes les chances auxquelles leur erreur les avait exposés; ne pas réparer solennellement le tort qu'on leur avait fait, c'était en faire remonter la préméditation plus haut que la coterie qui en avait été l'auteur. Au reste on les avait reçus; on devait les garder. Nous ne nous attachons ici, qu'à réfuter un principe anti-constitutionnel ; loin de vouloir persuader le gouvernement de la nécessité de réparer ce tort, nous félicitons la France d'un tel oubli. Pour quelques miliers de victimes qu'on a faites, on retirera l'immense avantage de ne plus voir désormais, et quoi qu'il arrive, s'élever chez nous, autel contre autel, bannière contre bannière.

ment de réforme, et pour quelques années seulement; ensuite, s'il n'a pas d'autres ressources, ou s'il n'a pas les trente années de service qui donnent droit à la retraite, il peut, nouveau Bélisaire, aller demander l'aumône de porte en porte. C'est un abus que nous n'osons pas définir. On n'en trouve l'exemple dans aucune armée régulière; on conçoit à peine comment il a pu se naturaliser en France. Pour l'expliquer, il faut savoir rapprocher et le caractère de quelques hommes, et la faiblesse du gouvernement, et le misérable *imbroglio* qui distinguaient si honteusement l'administration du temps auquel tout cela se rapporte. Nous parlerons plus tard des effets que cette disposition ne peut manquer de produire sur l'esprit de l'armée, et même sur sa discipline.

Quant aux officiciers qui n'ont pas été réemployés, on ne les a pas traités avec plus de bonne foi. Au licenciement de l'armée, une ordonnance du Roi accorda la demi-solde aux officiers supérieurs, et les quatre cinquièmes de la solde d'activité aux officiers subalternes. Les uns et les autres devaient, aux termes de l'ordonnance, toucher ce traitement à titre de solde de non activité, *jusqu'à ce qu'ils fussent réemployés.* Non-seulement tous n'ont jamais touché que la *demi-solde;* mais, trois ans après, on a *fixé à un temps limité*, la durée de ce traitement qui d'abord avait été accordé pour un temps indéfini, comme semblait le prescrire l'article 69 de la Charte. On n'a pas borné là le système de déception. Par plusieurs ordonnances subséquentes on a privé ces officiers du droit de rentrer en activité ; en un mot, on les a rendus à la vie civile : ensorte qu'un militaire qui, naguère comptait avoir un état fait, se trouve aujourd'hui obligé d'entreprendre ce qu'il ne sait pas faire, pour avoir consacré au service de l'état, la plus belle partie de sa vie. Nous nous abstenons de toute observation sur des faits aussi graves. Les réflexions se présentent en foule lorsqu'on veut rapprocher entre elles les dispositions contradictoires de la législation qui régit cette matière; chacun, sans doute, fera les siennes ; mais personne ne nous semble plus intéressé à s'y livrer, que les hommes qui sont chargés du gouvernement.

Quoique nous pussions relever encore beaucoup d'autres contraventions à l'esprit et à la lettre du pacte fondamental, nous bornerons ici l'examen critique que nous nous étions proposé d'en faire. Il nous paraît suffisant, pour prouver jusqu'à quel point les hommes qui régissent l'état se sont mépris sur leur position et sur les devoirs qui leur étaient imposés. Une grande partie des contraventions que nous avons signalées n'est point, à la vérité, l'œuvre du ministère actuel; mais il en est d'autres qui tombent entièrement à sa charge; et la déclaration qu'il ne cesse de faire, qu'il en prend sur lui toute la responsabilité, ne saurait nous rassurer. Le moindre mal qu'on pût redou-

ter d'une administration basée sur les faux principes qu'il a adoptés, serait la *paralysation* de notre
puissance nationale. Celui-ci, toutefois, ne serait
qu'acccidentel et facile à réparer par un changement de système; mais il est une autre plaie qu'on
semble s'appliquer à irriter sans cesse. Cette plaie
toute morale, est profonde; elle exige des remèdes bien différens de ceux qu'on veut y apporter. Les ministres, qui n'ont pu s'empêcher de la
remarquer, ont donné à ce mal, le nom d'*inquiétude vague*; nous qui le voyons de plus près,
nous pouvons attester que c'est plus que cela; que
c'est un mécontentement bien prononcé; et nous
ajouterons, que déjà même, il menace de dégéné-
rer en *désafection*. Ce mal est né des déceptions
que nous venons de signaler. Peut être n'en vien-
dra-t il pas de sitôt à l'explosion; mais il grandit
dans le silence, et il gâgne successivement tout le
corps social. Qu'on y prenne bien garde! Ce n'est
point par de fausses interprétations qu'on donne
de la force aux lois; ce n'est point en appelant à
son secours, la ruse et la mauvaise foi, qu'un gouvernement peut parvenir à inspirer à ses peuples
cette respectueuse confiance qui est la véritable
sauve-garde du pouvoir. Depuis bien long-temps
cependant, les ministres du roi semblent prendre
à tâche de prouver à la France, que se sont là leurs
seuls moyens de politique et d'administration.
Leur conduite comme hommes publics, n'est
qu'une longue leçon d'immoralité qu'ils donnent

au peuple ; car tout pouvoir qui ose se mettre au-dessus des lois, ôte à l'obéissance tout ce qu'elle a de noble et de généreux. Que peuvent-ils gagner à méconnaître à ce point leur devoir et les intérêts du prince qui leur accorde sa confiance? Oseraient-ils nier que, tôt ou tard, la défaveur qui accompagne leurs actes, ne doive remonter plus haut? Ont-ils oublié que, lorsque quelques écrivains eurent fait un rapprochement de la position des Bourbons de nos jours, à celle des souverains d'Angleterre au 17ᵉ siècle, cette comparaison vola de bouche en bouche? Elle était fausse et insultante pour nos princes; mais elle fit fortune, parce que la conduite de nos ministres lui prêtait l'apparence de la vérité. Comme eux, les conseillers des souverains d'Angleterre ne cessaient d'insulter aux appréhensions et aux plaintes du peuple, jusqu'à ce que le mécontentement étant devenu général, il suffit d'un jour à l'infortuné Jacques, pour passer de l'éclat du diadème à un exil sans gloire. Plus heureuse que l'Angleterre d'alors, la France de nos jours voit dans son monarque, le réparateur et non l'auteur de ses maux ; elle l'invoquera sans cesse, et tôt ou tard sa voix cessera d'être méconnue. Jusque-là, joignons nos doléances aux siennes; travaillons sans relâche pour abattre le mur d'airain que la malveillance élève entre le trône et la patrie. Déjà cette séparation n'est que trop bien marquée, quoique pendant long-temps on y ait travaillé sans en avouer l'intention. Mais, aujourd'hui surtout, on ne prend plus la peine de la dissimuler ; et cela ne doit étonner personne.

Quand les hommes chargés de diriger le vaisseau de l'État, proposent des changemens au mode de le conduire, ils se gardent bien de montrer l'ensemble de leurs projets, surtout si leurs moyens peuvent trahir leurs intentions. C'est par gradation qu'ils tâchent d'arriver au but auquel ils veulent atteindre ; chaque déviation qu'ils se permettent, ils savent la montrer sous le masque séduisant du bien public. Mais, lorsque l'équipage reconnaît son erreur, il n'est plus temps pour lui d'en éviter les fatales conséquences. D'un air assuré, le nautonnier lui montre alors les écueils dont la route est semée. Il ne s'exprime plus dans les termes d'un homme qui consulte ; c'est le langage altier d'un conducteur indispensable qu'il fait entendre. Cette route semée d'écueils, dit-il au capitaine et à l'équipage, je peux seul vous la faire traverser sans accident. Cette route n'est connue que de moi, dit-il au maître ; cessez de me donner des ordres. A l'équipage : Soyez soumis et attentif à mon commandement ; je vous conduirai tous au port. Ce port se montre enfin. Le vaisseau y entre ; mais, vendu par le nautonnier infidèle et par ses complices, l'équipage y trouve la servitude ou la mort.

Telle aussi se montre, à l'égard de la France, l'influence mystérieuse qui dirige ses destinées. Chaque loi est enlevée, promulguée sous le masque du bien public ; chaque essai pour fausser les lois qui restent en vigueur, devient comme une autorité d'usage pour les fausser encore. Le peuple désuni, mal informé, ne comprend rien à cette marche oblique et tortueuse ; les voix généreuses qui la signalent pénètrent tous les cœurs ; mais personne ne peut y répondre d'une manière légale. La loi est là ; elle est rendue ; elle est inexorable. L'abus est consommé ; l'abus devient une seconde loi. Mais le temps amène de nouvelles infractions aux libertés publiques ; alors chacun sent plus fortement le malaise qui en résulte. La confiance est détruite, l'avenir se montre chargé d'orages.

Nous avons prouvé que cette fâcheuse époque est arrivée pour nous. En montrant dans son ensemble, ce que la législation nouvelle a d'incohérent et de subversif, nous avons, pour ainsi dire, cherché la racine du mal jusque dans sa cause morale. Il nous reste à considérer le Gouvernement dans ses moyens et dans les effets matériels qu'il a produits. Nous tâcherons d'être concis ; pour obtenir une nouvelle preuve de la vérité de nos assertions, il ne sera pas nécessaire d'entrer dans de grands détails. Abordons la question dans un sens général. La police administrative, les finances, l'industrie agricole et commerciale, les forces de terre et de mer seront l'objet de ce nouvel examen. Nous garderons le silence sur les autres parties de l'administration, soit parce qu'elles nous paraissent moins sujettes au blâme, soit parce qu'elles n'ont pas un rapport direct au sujet que nous avons à traiter.

Entendons-nous d'abord sur le principe de notre Gouvernement. Ne craignons pas d'aborder une question déjà souvent débattue; savoir, si le gouvernement représentatif est le seul possible en France?

En thèse générale, on ne reconnaît que trois modes de gouvernement. Tous trois sont d'accord dans leur but principal, le bien de la société. Mais ils diffèrent dans la forme; et cette forme les rend plus ou moins avantageux, plus ou moins faciles, plus ou moins supportables, selon le caractère et le degré d'intelligence des hommes pour lesquels ils sont institués.

Le gouvernement populaire ne reconnaît d'autre souveraineté que celle qui procède de la volonté collective de tous les membres de la société. La loi en est l'organe. Ce mode de gouvernement ne convient guère aux grandes populations aglomérées, à des hommes chez qui les douceurs de la vie, le luxe et l'inégalité des fortunes ont excité les passions et corrompu les mœurs. Il est cependant des exemples d'un tel gouvernement chez des peuples qui réunissaient la totalité ou une partie de ces inconvéniens; mais alors une aristocratie vigoureuse, héréditaire et bien fixée dans ses principes et dans ses pouvoirs, lui servait de correctif (1).

____

(1) On ne saurait opposer à notre raisonnement l'exemple des États-Unis d'Amérique. La population de ce pays

Le gouvernement autocratique est celui où la souveraineté réside dans la volonté d'un seul; volonté qui reste cependant plus ou moins subordonnée à certains principes de droit naturel. Ce gouvernement se montre avec des gradations différentes, selon le caractère des peuples qui doivent lui obéir. Il est naturel que le chef de l'État s'abstienne de vouloir persuader à ceux de ses sujets qui ont revêtu la robe virile, ce qui pouvait imposer à des esprits dans l'enfance. Ainsi, le gouvernement absolu varie dans ses principes, selon le degré de culture morale des hommes auxquels il commande. Dans tel empire d'Orient, nous voyons le chef de l'État dominer arbitrairement sur des peuples tous également esclaves, tous également abrutis. Dans la Russie, le voyageur étonné trouvera des cités florissantes, des populations civilisées sous le rapport des mœurs et sous le rapport des lois, tandis qu'ignorante et barbare, la partie la plus nombreuse des habitans n'a pas même l'idée d'un ordre politique exempt de despotisme. Ici, c'est évidemment la civilisation qui est parvenue à adoucir les formes du

est considérable; mais elle est éparpillée, divisée en plusieurs Etats qui se gouvernent séparément. Quoiqu'un excellent système municipal assure à sa constitution la plus longue durée possible, les Anglo-Américains seront forcés d'y faire des changemens, à mesure que la population dépassera certaines proportions entre elle et la superficie du sol.

pouvoir absolu. C'est un privilége qu'elle s'est créé; c'est une victoire que la morale a remportée sur la force. Parcourons les vastes Etats qui forment la monarchie Autrichienne; nous y trouverons les mêmes effets, mais plus en grand, et partant d'une base déjà large et mieux assurée. Chez ces peuples, de vieilles traditions de liberté ont concouru avec l'action de la civilisation, pour poser des bornes au pouvoir souverain.

Les États du nord de l'Allemagne nous offrent un phénomène bien plus étonnant encore. C'est un gouvernement absolu et militaire, qui, en moins d'un siècle, est parvenu à civiliser les peuples, au moyen de la législation des camps, à faire marcher de pair les mœurs de la liberté et les institutions d'une monarchie neuve et forte. Rédevable de ce prodige à l'alliance des lettres et des armes, la Prusse s'élève aujourd'hui avec majesté au milieu des peuples de la vieille Europe. Son état actuel est l'état de transition de la monarchie pure à la monarchie mixte. Cette transition est déjà opérée pour les autres états de l'Allemagne; et partout, ce sont les Gouvernemens eux-mêmes qui on conduit et consommé cette grande révolution.

Nous concluons de ces rapprochemens, que l'autocratie, ou, si l'on veut, la monarchie pure, n'est point un gouvernement contraire aux droits de l'homme, tant que l'homme est lui-même hors d'état d'apprécier ces droits et d'en user. Nous croyons même, que c'est le seul gouvernement qui convienne à des peuples barbares, puisqu'il est le seul qui puisse les policer par gradation et sans danger. Mais, par le même motif, nous le croyons incompatible avec les mœurs d'une civilisation générale. Lorsqu'un peuple en est venu à ce point, il lui faut d'autres institutions ; non celles du gouvernement populaire, qui ne conviennent qu'à des petits Etats, ni celles (1) des républiques aristocratiques qui deviendraient une source de troubles chez les peuples modernes ; mais celles du gouvernement représentatif dont l'Angleterre nous offre l'exemple et le modèle. Ces révolutions devenues inévitables, peuvent s'opérer sans choc et sans trouble, lorsque les gouvernemens savent se mettre à leur tête. Les princes de l'Allemagne ont rendu hommage à ce principe. C'est aussi pour l'avoir méconnu, que le gouvernement français, apathiquement stationnaire pendant que les peuples marchaient à pas de géant dans la voie des lumières, a vu naître et grandir notre sanglante révolution (2). Pendant vingt années, nous avons, par sa faute, eu à parcourir toutes les phases de la

(1) Lorsque ces institutions sont l'effet d'une révolution et lorsqu'elles sont données à un peuple peu familiarisé avec ce mode de gouvernement.

(2) Le lecteur comprend fort bien que cette réflexion n'a pas pour objet le règne du bon et infortuné Louis XVI. Le mal était fait ; il était sans remède lorsqu'il prit les rênes de l'état.

licence d'une faible liberté, et enfin du despotisme militaire.

Mais quand, impénétrable dans ses décrets, la
Providence voulut mettre un terme à nos maux,
elle nous rendit les princes dont l'autorité héréditaire toujours vénérée, pouvait seule fixer
nos destinées, en conciliant leurs droits incontestables avec les droits également sacrés de notre
liberté. Une grande vérité frappait alors tous les
esprits : c'est que, pour être durable, cette liberté
devait s'allier à la légitimité. On reconnut la
nécessité d'un gouvernement représentatif sous
l'autorité de l'héritier de nos rois. La Charte nous
fut donnée. C'était un hommage positif rendu au
principe, que, dans l'état moral où se trouvaient
les peuple, le gouvernement représentatif était
le seul convenable et possible en France. Le considérant de la Charte le dit textuellement, et
l'histoire de nos voisins et la nôtre le disent plus
fortement encore. Du moment où sa nécessité
était reconnue, son maintien devenait un devoir.
A-t-on franchement accompli ce devoir ?

Par quelle fatalité, par exemple, crut-on dès-
lors, qu'un code administratif, assorti à l'*abso-
lutisme* impérial, pouvait s'allier au code de nos
droits politiques ?

Sans doute il devait être impossible, ou du
moins peu raisonnable, de changer tout-à coup
les rouages d'une administration qui comptait
dix ans et plus de durée. Mais la nécessité de le

faire un jour, de le faire avec calme et successivement, n'en était pas moins évidente. Napoléon
lui-même aurait fait de grands changemens à
cet état de choses, si la paix lui en avait donné
le loisir. Napoléon n'avait, pas plus que tout autre
prince, besoin de préférer le despotisme au règne
des lois. Il adopta le premier mode de gouvernement, parce que sa position personnelle l'y forçait, et non parce que ce mode était le meilleur.
Son administration fut mise en harmonie avec sa
législation; conséquence forcée pour lui, mais non
pour les Bourbons, qui n'étaient pas, comme lui,
dans l'alternative de se créer un gouvernement militaire, afin de pouvoir détruire l'ordre social des
peuples voisins pour le recomposer, ou de périr
eux-mêmes. D'après ces considérations dont personne ne contestera la justesse, il était de devoir
de simplifier les rouages de l'administration, en
la mettant en harmonie avec nos institutions es-
sentiellement opposées à cet attirail de forces,
à l'existence de ces légions d'agens dociles aux
volontés arbitraires du Gouvernement, et redoutables aux intérêts de la liberté, redoutables
même aux intérêts bien entendus de la couronne.

Si ce principe est juste, nous serons fondés à
dire que le gouvernement l'a complètement méconnu. Dès-lors, la série de nos reproches serait
longue. Si, au contraire, notre principe n'est
qu'une chimère, nous ne pourrions trouver à redire que sur l'application du système adopté

par ce même Gouvernement. Tout en prenant acte de notre objection, ne nous attachons d'abord qu'à la dernière hypothèse.

Dix années de paix, phénomène rare dans l'histoire des peuples, dix et même onze années de paix nous ont été données pour perfectionner l'économie de notre administration : quelles sont les améliorations qu'on y a introduites? Notre code municipal a-t-il cessé d'être un code d'arbitraire et de servilité? Nos préfets sont-il plus soumis aux lois, plus consciencieux, plus indépendans dans l'exercice de leurs fonctions? La France entière a répondu : non. Il n'est pas un de ces magistrats qui osât résister à un ordre illégal, sans croire signer d'avance l'ordre de sa destitution; et, comme la plupart conservent encore un reste de pudeur, ils ont recours aux moyens d'intrigues et à la corruption, afin d'obtenir des résultats réprouvés par les lois, sans avoir l'air de fronder celles-ci ouvertement. Nous pensons que le ministère nous dispensera de la citation des exemples. Personne n'a oublié ces révocations renouvelées périodiquement contre les préfets assez malheureux dans les manœuvres électorales pour ne pas obtenir la majorité des suffrages au candidat ministériel ; contre les maires et autres fonctionnaires assez indépendans pour régler leur conduite sur le texte des lois, plutôt que sur les inspirations de quelques brouillons salariés sur les fonds secrets.

Quelle considération les administrés peuvent-ils avoir pour de tels magistrats? Quelle confiance ces magistrats peuvent-ils leur inspirer, lors même qu'ils seraient d'ailleurs hommes de bien? Aucune.

Chez nous, toute autorité, toute justice émane du roi; mais le roi délègue son autorité judiciaire à des magistrats indépendans : pourquoi n'en serait-il pas de même de la police municipale? En tout temps et en tout pays, cette police a été regardée comme un droit de communauté exercé par des mandataires librement élus par les citoyens. C'est là une disposition formelle des institutions romaines. C'était l'essence du droit de tradition des barbares. La disposition contraire n'est qu'un reste de féodalité renouvelée par le gouvernement impérial. De tous les Etats de l'Europe, la France est le seul qui, dans sa législation, ait voulu la maintenir.

En partant toujours du principe, que notre système d'administration, tel qu'il est, est le seul qu'on pût adopter, nous aurons peu d'observations à faire sur l'état de nos finances. Depuis onze ans, nos ministres ont fait rentrer dix milliards d'impositions. Depuis le même temps ils se sont réparti cette somme dans les plus exactes proportions. Ils l'ont dépensée d'une manière régulière (1), et ils ont justifié de cette dépense. Peu nous importe de savoir si la spéculation de conversion

(1) Sauf les preuves contraires que pourrait fournir M. Ouvrard.

des rentes est bonne ou mauvaise; il nous suffit de reconnaître qu'elle est légale; et nous ne saurions le contester. Nous n'avons donc rien à dire à l'égard de l'application du système adopté. Il en sera autrement si nous pouvons prouver plus tard, qu'on pouvait administrer la France d'une manière moins coûteuse, et plus conforme à l'esprit de ses lois. En attendant, résumons les résultats de l'administration actuelle; nous verrons en cas qu'ils sont loin d'être satisfaisans.

En 1814, la France entretenait une armée de cinq cent mille hommes; elle avait été en guerre presque continue pendant 21 ans, et ses drapeaux avaient flotté à Lisbonne et à Moscou. Alors la contribution de l'ancienne France, s'élevait à 900 millions, et sa dette constituée était d'environ 90 millions de rentes, en y comprenant les arrérages dus à l'armée.

Depuis la paix, la force moyenne de notre armée a été de cent quatre-vingt mille hommes. Nos budjets ont, presque tous les ans, dépassé le budjet de 1814, et notre dette constituée s'elève aujourd'hui à près de deux cent millions de rentes, qui représentent un capital de cinq milliards. Nous n'ignorons pas que cette somme est réellement due; mais si nos dettes se sont accrues à ce point pendant onze années de paix, jusqu'où s'élèveraient-elles, s'il nous fallait encore une fois lutter contre plusieurs États de l'Europe; surtout si l'administration de la guerre était conduite avec l'ordre et l'économie qui ont présidé à celle d'une partie de l'armée d'Espagne ? Il y a dans tout cela un système abusif, ou bien, ainsi que les apparences les résultats sont bien trompeurs. Nous verrons plus tard. En attendant pour suivons notre examen.

Nous sommes loin de méconnaître quelques soins que M. le président du conseil a donnés aux intérêts de l'agriculture et du commerce. Ces branches nourricières du royaume sont aussi florissantes qu'elles peuvent l'être dans l'état actuel de nos relations avec les autres puissances. Elles le seraient bien davantage encore, si le ministère n'était pas en quelque sorte forcé de reculer devant une chimère de légitimité, qui nous empêche de nouer des relations directes avec les nouveaux États de l'Amérique espagnole. L'Espagne est notre alliée; comme telle nous lui devons aide et protection ; mais nous ne les lui devons que dans les bornes de la raison. L'Espagne peut-elle espérer de reprendre ses possessions d'Amérique ? Jamais. L'Espagne encore, a-t-elle sur ces possessions, des titres tellement fondés, que le droit des gens, que la raison de conservation de l'ordre social puissent faire à d'autres gouvernemens une loi de refuser toute pactisation avec les nouveaux États ? Pas davantage. Il y a trois siècles, une bande de cannibales qui marchaient sous la bannière de Castille, porta le fer et le feu dans ces contrées paisibles ; les peuples qui les habitaient subirent la loi de la force ; un souverain pontife déclara le roi d'Espagne maître légitimement absolu de toutes ces victimes de la cupidité. Cette sin gulière investiture et une longue possession ci mentée par l'esclavage, voilà les titres du souve rain des Espagnes.

Les peuples de l'Amérique espagnole peuvent en faire valoir d'autres bien plus légitimes et bien plus puissans. Ils ont secoué un joug odieux ; ils ont proclamé leurs droits en face du Dieu de vérité : ce Dieu a béni leurs armes. Le dernier rempart du despotisme est tombé par l'abandon honteux de la métropole ; les peuples du Mexique, du Pérou, de la Colombie et du Paraguai, forment aujourd'hui des sociétés régulièrement organisées. Peut-on leur disputer le droit de prendre rang parmi les peuples indépendans ? Ce n'est pas le ministère qui a contre-signé l'ordonnance d'émancipation de St.-Domingue, qui voudrait répondre négativement. Aussi nous bornons-nous à signaler le fait sans le juger. Sans doute, ce n'est pas l'impuissante Espagne, ni même les égards que peuvent commander ses prétendus droits, qui imposent cette réserve. Le rôle de dé-déception que joue ici le ministère indique assez la main qui l'a donné. Il serait temps, ce semble, de commencer à reconnaître, que les désirs, ou plutôt les volontés d'une puissance continentale jadis ennemie, et toujours rivale, ne peuvent être pour nous que de mauvais conseillers.

Reprenons la suite de nos remarques. Notre commerce maritime est loin d'avoir reçu les développemens dont il est susceptible. La faute en est aux causes que nous avons déja indiquées, et à la position où nous a placés la paix de Paris. Outre le tort qui en résulte pour notre prospérité, il en est un autre qui a rapport à notre marine militaire; c'est, qu'en cas de guerre, nous serions loin d'avoir les équipages nécessaires à nos flottes. Avec nos 600 lieues de côtes, nous n'en serions pas là, si le gouvernement avait de bonne heure ouvert des relations avec l'Amérique du Sud. Mais, dans un faux système politique, tout se suit et tout se tient. Si, au lieu de restaurer le trône de Ferdinand d'Espagne au profit des plus honteux abus, on avait su le relever au profit d'une liberté réparatrice, nous aurions une alliée utile, et nous pourrions, dans l'événement, nous livrer à un grand développement de forces maritimes, tandis qu'aujourd'hui, l'Espagne n'est pour nous qu'un objet d'embarras et de craintes (1).

Il nous reste à suivre l'action du pouvoir sur notre organisation militaire, tant sous le rapport moral, que sous le rapport matériel. Que fallait-il à l'armée du Roi constitutionnel de France, pour remplir l'objet pour lequel elle devait être instituée ?

Il lui fallait une force numérique proportionnée à l'importance de notre position à l'égard des autres

(1) Nous avons traité cette question dans une brochure intitulée *de la France et de l'Espagne.* Nous n'y reviendrons plus.

puissances; il lui fallait un matériel bien ordonné
et convenablement alimenté par une administration sage, probe et intelligente; il lui fallait un
bon esprit national, un bon esprit de corps, une
discipline paternelle mais sévère; il lui fallait une
confiance illimitée *dans le pouvoir* et *dans le système* de son auguste chef.

Une loi de recrutement a pourvu au moyen
d'entretenir et d'augmenter sa force numérique.
Elle a fixé la part d'avancement qu'on veut accorder au jeune citoyen qu'elle appelle au service de
la patrie. C'est là tout ce que la loi contient de bon ;
mais elle est mauvaise dans son application, par
l'augmentation des charges qui résultent de notre
système militaire en particulier, et du systeme
administratif en général.

La force numérique de l'armée n'est qu'une illusion, une vaine parade de contrôle, tant que le
gouffre qui engloutit nos finances restera ouvert.
Notre armée sur le pied de 230 mille hommes,
nous coûte près de 200 millions par an. Portée
au complet de 480 mille hommes, et sur le pied
de guerre, elle coûtera près de 500 millions. Où
prendra-t-on cette somme énorme dans un moment où nos impôts ne peuvent que diminuer? On
fera des emprunts. Mais au contraire de l'Angleterre qui a trouvé le secret de s'enrichir en em-
pruntant, nous sommes dans la règle commune ;
qui est de s'enrichir *en payant* ses dettes. Il en est
des États comme des particuliers Une bonne mai-

son peut emprunter impunément dans un moment de besoin, parce qu'elle rembourse dans les jours prospères. Mais, si cette maison emprunte dans l'une et dans l'autre circonstance, son crédit se trouve bientôt anéanti, sa ruine devient infaillible. La France est précisément dans une position analogue à celle que nous venons de dépeindre. Son administration est montée sur un pied tellement coûteux, qu'elle absorbe dans les temps ordinaires le *maximum* de ses revenus. Vienne le temps des besoins extraordinaires, elle emprunte et ne rembourse plus. C'est là le chemin le plus sûr de la ruine ; c'est là aussi un des motifs les plus puissans que nous puissions invoquer pour obtenir un changement, une simplification notable des rouages de l'administration. Il reste à savoir si ce changement est possible, s'il peut être profitable. Nous espérons le prouver dans la seconde partie de cet écrit. En attendant nous concluons que notre force armée, même sur le pied de paix, est au-dessous de ce qu'elle devrait être.

Nous rendons volontiers au ministère de la guerre, la justice qui lui est due pour les soins qui ont été donnés au matériel de l'armée. Les deux directeurs généraux qui se trouvent spécialement chargés l'un du personnel, l'autre du contentieux de la guerre, et surtout le premier, se sont acquis des titres à l'estime publique, par l'attention qu'ils ont donnée constamment aux améliorations qui pouvaient dépendre de leur volonté. En aucun temps, le soldat français ne fut mieux *tenu* qu'il l'est aujourd'hui Mais l'action de ces chefs d'administration a dû se borner là ; jamais il n'a pu leur être permis d'introduire dans l'organisation de l'armée, les changemens que nos institutions et notre dignité réclament avec tant de force, et qu'il était possible d'opérer depuis plusieurs années.

Quand à la discipline, elle existe en tant qu'elle dépend des dispositions du code militaire. Mais ce code même est incomplet, souvent faux dans ses principes, et toujours d'une application difficile. Depuis dix années on pouvait s'occuper d'une législation nouvelle. Il en est de même du code de comptabilité : il est diffus, hérissé de difficultés, de contradictions, et tout *bardé* de formes qui ne servent qu'à régulariser le gaspillage.

Nous venons de dire que la discipline existe, mais d'une manière précaire, et seulement comme une chose d'habitude. Elle manque en effet de ce qui fait l'âme de cette vertu, sans laquelle il n'est ni armée régulière, ni succès, ni gloire ; nous voulons dire qu'elle manque de ce principe moral qui doit en être le régulateur, et qui est entièrement indépendant de la crainte du châtiment et de l'émulation que produit une récompense trop souvent distribuée au hasard.

Ils étaient bien mauvais conseillers, ces hommes étrangers aux mœurs des guerriers français, qui, prononçant au conseil du Rôi sur une ques-

tion aussi délicate, ont imaginé l'avoir résolue
victorieusement en joignant l'arbitraire aux ri-
gueurs du code pénal. C'est pourtant là le principe qu'ils ont fait prévaloir. Comme nous l'avons
déjà dit, depuis huit ans, il est reçu, dans notre
législation militaire, qu'un officier peut être révoqué de son emploi par une simple décision,
non motivée et basée sur un rapport clandestin
que l'ignorance, la faiblesse et la rancune ont
trop souvent écrit sous la dictée de l'espionnage
et de la calomnie (1). On conçoit à peine comment le gouvernement n'a pas renoncé de lui-

(1) On assure qu'on consulte les inspecteurs généraux ;
mais lorsqu'un colonel veut se défaire d'un officier, il sait
très - bien faire partager à ceux ci ses préventions. Par
exemple cette précaution n'a pas empêché le colonel d'une
légion de Bretagne de se débarrasser successivement et en
moins de trois ans, par changement, par réforme et par
retraite prématurée, de 70 officiers, parmi lesquels 13
d'un grade supérieur. Le brave homme assurait à chacun
d'eux qu'il était innocent de sa révocation. Nous concevons
qu'en général, un chef ne doit pas avoir tort vis-à-vis de
ses inférieurs ; mais ici, et en cent autres occasions, la
complaisance ministérielle a été évidemment trop loin.
Partout ailleurs après un certain nombre de délations, on
aurait su prendre le menteur dans ses propres filets. Ici
on l'a encouragé à continuer. Il est juste de dire, toutefois,
que rusé gascon et Basile à dire d'expert, le colonel en question , a eu le talent de se faire à la cour des protecteurs
assez puissans pour arrêter à son égard le cours de la justice,
même lorsqu'il s'est agi des désordres honteux dans l'administration des deniers du soldat.

même à cette honteuse infraction aux lois de la droiture. Il est vrai que depuis quelques années le ministère en use moins; mais comme l'épée suspendue sur la tête de Damoclès, la possibilité d'une révocation plane toujours sur tout ce qui occupe un grade dans nos armées. Avec un tel abus, avec l'arbitraire ainsi érigé en droit, l'officier, modèle et guide du soldat, peut-il conserver pour le gouvernement du Roi, cette confiance illimitée, cette fidélité scrupuleuse qui, elle-même, ne vit que d'exemple?, Comment veut-on qu'il porte dans ses actions ce dévouement militaire qui ne connaît d'autres bornes que les bornes du possible? Comment veut-on qu'en offrant son sang et sa vie sur la grande table de sacrifice qu'on appelle le champ de bataille, il se trouve mû par ce noble enthousiasme qui improvise les héros? Blessé dans sa dignité, troublé dans sa sécurité sur l'avenir, il se rappellera toujours avec humeur qu'il n'est qu'un homme sans consistance sociale, qu'on peut priver à volonté de l'emploi qui est le fruit de ses services. Sans le vouloir il perdra son énergie et son zèle. Dans l'intérieur, il n'opposera qu'une molle résistance aux mouvemens de quelques prétoriens mordernes, s'il en est; au-dehors il sera soldat de Rossbach, sous quelque nouveau Soubise. S'il en était autrement, on le devrait à des vertus peu communes. Aussi, ce seul abus d'autorité aura-t-il le même effet que pourraient produire la faiblesse et la pusillanimité; il anéantira peu à peu tout véritable esprit de discipline, tout véritable esprit de corps. Toujours dans la contrainte, l'officier dépouillera la franchise de son caractère pour adopter les mœurs du courtisan, il changera d'opinion, de langage, de conduite, chaque fois qu'il changera de chef. Peu porté à suivre une carrière aussi précaire, le jeune soldat préférera son congé à l'assurance de l'avancement. Qu'arrivera-t-il de tout cela? Ou, triomphant des mécontentemens qu'elle excite, l'action de l'arbitraire aura transformé l'armée en un aveugle instrument d'oppression, redoutable aux citoyens, si jamais une minorité venait se compliquer avec la tyrannie de quelque nouveau Richelieu; ou bien, triomphant de la crainte qu'inspire la faculté si cruellement abusive des droits souverains, le mécontentement et la démoralisation transformeront nos régimens en bandes prétoriennes. L'un et l'autre résultat seraient funestes au trône et à la liberté. Il faudra choisir cependant; il n'est que cette alternative (1). En résumant ces réflexions, nous concluons que la question de la discipline militaire a été mal comprise jusqu'à ce jour. Le-

(1) On objectera l'honorable conduite de nos troupes en Espagne, mais cette conduite est due à un retour de confiance et à l'émulation inspirée par la présence de Mgr. le Dauphin. Cet effet là n'est que temporaire, tandis que la législation vicieuse reste, et ne peut moins faire que de porter ses fruits.

ministre de la guerre qui parviendrait auprès du conseil à faire rectifier cette législation vicieuse, obtiendrait par ce seul fait une honorable célébrité (1).

Récapitulons maintenant ce fâcheux commentaire sur les effets produits par notre administration, après une paix de dix années.

L'esprit et la lettre de la loi fondamentale méconnus; de nouvelles lois opposées à notre contrat social, proposées par les ministres, et promulguées au grand mécontentement de tous les amis de la liberté; toute confiance, toute

____

(1) M. le président du conseil vient de trancher la question dans le débat qui s'est établi dans la chambre des députés, au sujet de la pétition d'un officier supérieur illégalement privé de son grade (M. Simon Lorrière). Le principal argument sur lequel s'est fondé M. le président, pour défendre le prétendu droit de révocation que s'arroge le gouvernement, est, que le gouvernement est intéressé à en user le moins possible. C'est pour cela, sans doute, que le nombre des officiers arbitrairement réformés depuis huit ans, ne s'élève pas au-dessus de que'ques mille. M. le président du conseil pour justifier sa jurisprudence si fâcheusement semblable à celle du vizir de Constantinople, aurait pu chercher dans son esprit inventif un argument plus décent et plus en rapport avec les faits. Mais alors il eût fallu rendre justice non-seulement au réclamant, mais à des milliers d'autres victimes; il eut fallu mettre en jugement les auteurs d'une foule de faux rapports; il eut fallu découvrir au grand jour toutes les turpitudes passées. Cela ne pouvait pas convenir à un ministère qui a la prétention de n'avoir jamais tort.

sécurité détruites par une tendance au régime arbitraire, tendance que le ministère ne se met pas même en peine de dissimuler ; la plus riche finance de l'Europe, insuffisante pour combler le gouffre de dilapidation que creuse incessamment le faux système d'administration qu'on a adopté.

Dans ce système même, les plus simples améliorations négligées ; une armée peu nombreuse, et dont, faute de fonds, l'augmentation devient presqu'impossible ; le commerce maritime faible et la marine militaire hors d'état de recevoir, en cas d'événement, le développement dont elle aurait besoin ; la France, en un mot, toute pressée de la nécessité de conserver la paix, mais hors d'état d'éviter la guerre, et de la faire avec le succès qu'on pourrait attendre de sa force naturelle ; enfin, notre rôle, à l'extérieur, devenu secondaire, surtout depuis que les ministres ont si malheureusement compliqué nos destinées avec l'agonie politique de l'Espagne.

Tel est le résumé peu consolant de notre situation au-dedans et au-dehors. Si les améliorations qui pourraient changer cet état de choses, étaient dans l'intention de nos ministres, il faut les plaindre de s'être laissés surprendre par des événemens qui auraient dû trouver ces améliorations effectuées ; mais quoi qu'il en soit, nous croyons faire une chose utile, en les indiquant telles que nous les concevons. Si quelques-unes

de nos opinions sont erronées nous aurons toujours eu le mérite de provoquer une discussion
qui peut éclairer la conscience publique sur des
questions d'une haute importance.

DEUXIÈME PARTIE.

La France selon l'esprit de ses lois fondamentales.

Dans la partie précédente de ces remarques
nous sommes entrés en quelques explications sur
la *nature* de notre pacte fondamental. Nous
avons osé avancer qu'en *France*, nous recon-
naissions au pouvoir légitime deux caractères bien
distincts par leur origine et néanmoins insé-
parables ; le droit de succession au trône puisé
dans nos anciennes lois, et dont l'ordre est réglé
par elles, l'étendue de l'autorité royale fixée par
une loi nouvelle, devenue fondamentale par la
libre sanction de tous les intéressés, et par la
réunion de toutes les parties de notre droit public,
de toutes les conditions de notre soumission au
chef suprême de l'état.

Nous ajoutons que cette loi fondamentale, que
la Charte, quoiqu'octroyée, n'est point un acte
émané de la seule autorité et volonté du prince ;

qu'elle est un code de lois souveraines, portant dans son principe exclusion expresse de toute disposition législative qui pourrait lui être contraire; qu'elle a été librement offerte au peuple français par l'héritier légitime de la couronne, librement et spontanément reçue par ce même peuple, solennellement jurée par ses envoyés, solennellement jurée par le Roi et par ses successeurs présomptifs ou éventuels.

La Charte, disons-nous, n'est point un acte émané de la seule autorité royale en supposant même cette autorité dans la pleine jouissance du droit de souveraineté, telle que les plus absolus de nos rois ont pu définir cette jouissance. En effet, nul ne peut disposer de ce qu'il ne possède pas, parce que nul ne peut donner ce qu'il n'a pas. Nul prince au monde ne jouit d'un pouvoir assez absolu, pour ordonner de sa seule autorité tout ce qui est prescrit par la Charte. Nul Roi de France surtout n'a jamais joui d'un pouvoir aussi illimité. *Louis* xiv lui-même, aurait-il pu de sa seule autorité établir le principe d'une répartition égale des charges publiques, pour grever des provinces qui ne s'étaient données à la France qu'à la condition d'être en partie exemptes de ses charges, ou de pouvoir s'imposer elles-mêmes ? aurait-il pu en maître anéantir les priviléges de plusieurs classes de citoyens, pour mettre ces classes au niveau des autres? Aurait-il pu par un édit, disposer de leurs propriétés, imposer silence aux hommes lésés

par les proscriptions, et leur défendre de demander justice devant les tribunaux?

Tout le monde répondra négativement, lorsqu'il s'agira d'un acte de pure autorité. Tout le
monde dira, qu'un tel acte serait entaché du plus
effroyable arbitraire, d'usurpation, de nullité.
Tout le monde au contraire et tout code répon-
dront affirmativement, lorsqu'il s'agira d'une
pactisation libre et consentie de pleine science
par toutes les parties intéressées.

Mais, si la Charte renferme tous les caractères
d'un tel pacte, elle doit sans doute aussi en prendre la nature et l'autorité? Alors la première conséquence de cet acte est celle que nous avons déjà
établie; savoir : qu'elle devient une loi *exclusive*
qui annule, et qui repousse toute législation subsé-
quente même réglementaire, toutes les fois que cette
législation serait dérogatoire et subversive des dispositions du pacte fondamental. Vainement ou
objecterait que des lois rendues avec le concours
des pouvoirs établis par la Charte, ont tous les
caractères de légalité nécessaire, lors même qu'elles
rapporteraient explicitement l'une ou l'autre de
ses dispositions : les trois branches du pouvoir
législatif sont instituées pour le maintien de la
Charte, et non pour sa destruction. Les délégués
qui composent avec le Roi, ce pouvoir collectif,
jurent de défendre et de conserver nos libertés;
ils ne peuvent donc pas concourir à leur anéantissement. Cette combinaison impliquerait une

contradiction dérisoire; elle serait injurieuse même pour les hommes auxquels on voudrait la prêter. Aussi nous gardons-nous bien de la supposer préméditée. Des lois en opposition avec quelques dispositions de la Charte ont été proposées et adoptées par des majorités de bonne foi. Ces lois existent, elles ont pris place dans notre code; elles sont exécutées et elles doivent l'être. Mais, tout en obéissant à leurs dispositions, il nous reste permis de dire et de prouver qu'elles dérangent l'économie primitive de notre constitution politique, soit qu'elles renforcent l'action du gouvernement, soit qu'elles renforcent celle des chambres. Cette seule conséquence, que personne sans doute ne voudra nier, nous conduit naturellement à une autre, qui est plus grave à la fois et plus embarrassante; c'est celle qui résulte de la *première* infraction faite à la Charte, par des pouvoirs qu'elle avait constitués. Cette infraction ôte à notre code politique le caractère d'inviolabilité, qui était et sa force et son égide. La Charte de 1814 contenait *toutes les garanties désirables*, parce qu'elle n'admettait *aucun pouvoir au dessus de ses lois*; la Charte de 1826, au contraire, ressemble à un homme profondément blessé, privé de toute faculté d'agir, à un homme auquel il ne reste que la parole. Il en use, il se plaint, il prie, il fait des remontrances; mais c'est en vain. De même qu'on ne peut que cicatriser la blessure de cet homme, mais qu'on ne peut la lui ôter; de même on ne peut remettre notre législation dans son premier état. D'ailleurs, nous sommes loin de disputer aux lois réglementaires qui ont été rendues, le mérite partiel que quelques-unes d'elles peuvent avoir; mais nous redoutons les inconvéniens qui doivent résulter de la faculté qu'on s'arroge, pour ainsi dire, de changer ce qui devait être stable à jamais. Il serait inutile de poursuivre ici toutes les conséquences, toutes les chances d'un tel principe. Il n'en est pas une qui ne soit fatale. Nous nous renfermerons dans un dilemme qui montrera du moins jusqu'à quel point nous en redoutons l'effet. Nous dirons aux ministres du Roi : « Donnez-nous l'ancien régime avec ses charges et avec ses garanties féodales; nous le préférerons à une forme de gouvernement qui vous ferait dominer sans contrôle réel, sur une société où, comme à Constantinople, tout est nivelé, où la servitude est sans patronage, ou le pouvoir est sans dignité. Mais si, d'une part, vous croyez ne pas devoir prendre ce parti ; si d'autre part, vous croyez ne pas pouvoir gouverner avec la Charte telle que son auguste auteur l'avait donnée, dites-nous *en une seule fois*, tout ce que vous voulez y changer ; fixez, en un mot, notre législation avec franchise et bonne foi ; sachez mettre un terme à de décevantes innovations.

En effet, ce n'est pas le présent, mais c'est l'avenir qui nous inquiète, depuis que la Charte a cessé d'être le palladium de nos libertés ; depuis qu'elle a cessé d'être inviolable. Toutefois, ce qui reste d'intact des libertés dont elle consacre le droit et la jouissance, nous suffirait si nous avions des garanties réelles de leur conservation. Ces garanties, où les trouverons-nous? La Charte en elle-même n'en renferme plus aucune. Il faut donc les chercher en dehors de ce pacte, sans toutefois nous écarter de ses dispositions ni de leurs conséquences.

Nous n'ignorons pas que ce mot de garantie doit exciter quelques susceptibilités. On prononcera l'anathème contre nous; on nous dira que le serment du Roi, que celui des Pairs, que celui des Députés, que celui de toutes les autorités de l'État, sont les seules garanties que nous puissions invoquer et qu'elles sont suffisantes. Nous respectons ces garanties; nous avons la plus grande confiance aux intentions de notre auguste monarque et en celles de l'héritier présomptif du trône. C'est cette confiance qui nous met la plume à la main; si nous ne l'avions pas, nous n'écririons point. Mais les hommes passent et les choses restent. Après un bon prince il peut en venir un qui soit faible, passionné ou ennemi de nos institutions; ce prince peut s'entourer de ministres despotes et intrigans. En usant des moyens connus, ces ministres peuvent faire porter à la législature, des députés timides ou complaisans. On a vu ailleurs ce fâcheux assortiment de personnages, de volontés et de moyens; un jour on pourrait le rencontrer chez nous : alors, que deviendraient nos libertés ? En leur qualité de gardiens perpétuels de la Charte, les Pairs de France seraient-ils toujours à temps de demander des garanties ? Ne leur répondrait-on pas ce que Marguerite de Dannemarck répondit aux sénateurs de Suède, lorsque, se plaignant d'une suite d'infractions faites au traité d'union (1), ils lui demandèrent des places de sûreté : « Gardez soigneusement ce parchemin, c'est un document précieux ; moi, je garderai de même mes forteresses et mes donjons ».

On sait quelles furent, pour les malheureux Suédois, les effets de cette réponse et de leur trop grande confiance.

Nous qui sommes encore loin de là, nous avons néanmoins besoin d'être rassurés sur notre avenir, puisque les garanties morales qui nous restent, ne sont que temporaires, et qu'elles dépendent plus ou moins des interprétations qu'on voudra leur donner.

Mais nous l'avons déjà demandé : Où trouverons-nous de plus amples garanties ? Comme les Suédois du 14e siècle, nous ne pouvons pas demander des places de sûreté ; nos mœurs et nos lois s'y opposent ; d'ailleurs ce sont là de tristes moyens. Vouloir faire dépendre des effets de la force ou des chances du hasard, la vie ou la mort d'un peuple généreux, ce serait une idée peu di-

______

(1) Appelé l'union de Calmar (1395).

gne d'un siècle éclairé. La liberté toute vivante dans nos mœurs, ne peut trouver une action légale et réglée, que dans les institutions. Elle domine sans arrogance sur les peuples qui savent honorer la vertu. La justice et la vérité sont ses interprètes naturels; elles sont la chaîne la plus solide et la moins pesante qui puisse lier le Roi au peuple, le peuple au Roi. C'est donc dans les institutions que nous chercherons les garanties qui nous manquent; c'est par les institutions secondaires (nous voulons dire par une administration plus en harmonie avec nos mœurs et avec notre position sociale), que nous pourrons faire revivre les libertés de la Charte.

Ici se présente naturellement à notre pensée, cet axiome que le roi législateur aimait à rappeler au souvenir de ceux qui voulaient changer le code de notre droit public : « *à côté de l'avantage d'améliorer, ne trouverons-nous pas le danger d'innover?* » Dans l'état où nous sommes parvenus, nous répondrons : non, sans hésiter. Lorsque l'état présent n'est qu'incertitude et fluctuation, lorsque la persévérance dans cette voie ne peut amener que des maux et des dangers, l'innovation, le changement de route, ne peuvent être qu'un bienfait. Il ne dépend plus, il n'a même jamais dépendu du gouvernement, de trouver la fixité, la certitude du bien, dans l'ordre administratif qu'il a adopté. Nous avons indiqué plusieurs causes de cette impossibilité dans la première partie de cet ouvrage. Il nous reste à retracer quelques traits du tableau dont nous avons exposé le sujet.

Figurons-nous trente millions d'habitans aglomérés sur une superficie médiocre où toutes les passions, où tous les désirs et tous les regrets se heurtent et se choquent sans cesse. Voyons cette masse immense divisée en deux classes, dont l'une seulement fixe dans son chef, mais variable dans ses agens, commande presque sans contrôle, tandis que l'autre, nombreuse, mais désunie, obéit à tort ou à travers, sans aucun droit réel de remontrance (1). Celle ci trouve, à la vérité, une instance intermédiaire dans les Chambres et dans les tribunaux; mais ce pouvoir, agissant sous la tutelle de la nécessité, n'est, pour ainsi dire, n'est qu'un surcroît de force pour l'action du gouvernement. Par l'effet de la direction donnée à la marche de ce gouvernement, les pouvoirs que nous venons de citer, ont cessé d'être

______

(1) On sait comment on s'y prend pour éluder les effets du droit de pétition. Ce droit n'existe pour nous qu'en principe. Pour le mettre en pratique, il faudrait instituer une commission indépendante, chargée d'examiner les droits des réclamans, et de sévir soit contre les fonctionnaires convaincus d'abus, soit contre les auteurs de toute plainte calomnieuse. Cette commission serait habituellement sans travail ; personne ne voudrait s'exposer à comparaître devant elle. Mais sa seule existence suffirait pour prévenir les abus d'autorité qui se multiplient d'une manière effrayante, parce que l'impunité est acquise à leurs auteurs.

un contrepoids suffisant; et, hors d'eux nous ne trouvons pas une seule influence qui ne soit absolument dépendante de l'administration. C'est elle qui est la seule autorité indépendante; elle seule est toute-puissante, au point de devenir dangereuse à son propre principe.

Parcourons la France depuis la capitale jusqu'au dernier hameau, nous trouverons partout une société nivelée sous la faux du pouvoir ; nous trouverons partout ce pouvoir armé du glaive, entouré de nombreux satellites; mais des digues pour contenir le débordement d'un despotisme à craindre puisqu'il n'est pas impossible ; ces digues nous ne les trouvons nulle part. En un mot, s'il nous est permis de faire cette comparaison, le pouvoir tel qu'il s'est constitué en France, ne ressemble point à ces fleuves qui s'écoulent avec majesté à travers une terre qu'ils fertilisent sans la menacer ; mais bien à ces torrens qui, dans leur cours capricieux, refusent des eaux à la terre altérée, et qui, dans les jours d'orage, l'inondent et la dévastent.

Il faudrait être bien malheureux dans le choix des modifications qu'on voudrait apporter à un tel ordre de choses, pour ne pouvoir pas s'en promettre des améliorations favorables au prince et aux citoyens.

En effet, quelle est pour un Gouvernement, la meilleure organisation administrative ? C'est celle dont les rouages le moins compliqués possible, peuvent recevoir et rendre le plus facilement l'impulsion de ses volontés légales ; c'est celle encore qui, opposant de grands obstacles à l'exécution de ses volontés illégales, lui évite jusqu'à la pensée de sortir de la route qui lui est tracée par les lois. Une pareille organisation serait parfaite, si elle avait encore l'avantage d'épargner au gouvernement la responsabilite morale d'une foule de petits abus, de vexations, œuvres des agens subalternes, en faisant peser cette responsabilité sur une surveillance locale, à l'institution de laquelle le vote des citoyens aurait concouru.

Nous comprenons que, tout imbu de son système, le gouvernement puisse se contenter de l'organisation actuelle qui s'y rattache. Mais le citoyen, mais la nation s'en contentent-ils de même ? nous doutons, qu'à l'exception des défenseurs obligés du ministère, quelqu'un voulût résoudre cette question d'une manière affirmative.

Voyons cependant ; retournons en pensée dans ces départemens où nous venons de contempler l'action d'une administration toute centralisée dans la capitale. Demandons à tel citoyen qu'on voudra désigner, qu'elle est l'institution qu'il désirerait voir changée ou améliorée la première ? Il répondra que c'est le système municipal. Le motif en est facile à comprendre. De toutes les autorités qui sont préposées au gouvernement du citoyen l'autorité municipale est celle avec laquelle il a des relations de tous les jours. Il la veut de son choix, et non du choix d'un ministre ou d'un préfet qui, l'un et l'autre sont étrangers à ses affections et au discernement de sa confiance. De fait, un droit public, commun à tous les Français, peut établir entre eux un lien solide de fraternité ; il peut les rattacher au trône par un même lien d'affection, et par les mêmes devoirs ; mais un bon système municipal peut seul leur donner une patrie. Figurons-nous l'habitant d'un département du Nord, de l'Est, du Midi ou du centre, (à notre choix), gouverné par un préfet gascon, sous-gouverné par un sous-préfet Toulousain, fatigué, non toujours, mais quelquefois, par le plus intriguant de ses concitoyens que le préfet lui aura donné pour maire ; figurons-nous ce même habitant obligé de plaider en matière correctionnelle, devant des juges également étrangers au département, et qui n'auraient eu sur sa moralité d'autres renseignemens que ceux fournis par des inspecteurs de police envoyés par le grand bureau de Paris : oserions-nous dire qu'un tel homme a une patrie ? Parcourons maintenant nos provinces ; examinons le personnel de leur administration, et voyons si, pour la partie ou pour le tout, chaque citoyen n'est pas dans la position de l'homme que nous venons de signaler.

Peut-on, d'ailleurs, croire que des préfets et des sous-préfets étrangers au pays qu'ils doivent administrer, et qui n'ont pas l'intention d'y fixer leur demeure, que ces hommes en partie dévorés d'ambition, ou pressés par le besoin de conserver leurs places, seront bien scrupuleux sur les moyens à employer, pour satisfaire aux exigences ministérielles; peut-on croire qu'ils tiendront plus à l'estime et à l'affection de leurs concitoyens d'un instant, qu'aux récompenses que leur fera décercer le *grand Orient de Paris*, s'ils sont dociles à certaines volontés inconstitutionnelles, s'ils sont ardens à les exécuter? Croirait-on encore qu'une armée brave et même fidèle, mais cosmopolite, élevée à fronder les citoyens, à les contraindre, à guerroyer contre eux au premier signal, soit un instrument bien rassurant dans les mains de certains ministres? eh bien! ces citoyens ainsi gouvernés, cette administration, cette armée dont nous venons de parler, tout cela est notre partage; tout cela se trouvera dans le système de centralisation qui nous régit, quand le pouvoir voudra mésuser des facultés que ce système lui donne. Avec ce système, en supposant au ministère toute la sagesse, toutes les bonnes intentions possibles, nous pourrions être tranquilles, *du soir au lendemain*; mais notre sécurité n'irait pas plus loin, C'est parce que, comme nous l'avons déjà dit, les hommes passent, et que les institutions restent, lorsque ces institutions sont en harmonie entre elles. Aussi, n'est-ce qu'au *désacord* qui règne dans ces institutions, qu'il faut attribuer l'inquiétude qui travaille tous les esprits. Qu'on apporte quelques modifications à ce système défectueux, et nous verrons renaître cette confiance qui fait la force du Gouvernement et celle de l'État.

Mais, quelles sont ces modifications? Il en est deux. Le vœu public indique l'une depuis long-temps ; l'autre, moins demandée, parce que chez nous on n'en a jamais ressenti les salutaires effets, l'autre, disons-nous, en est la conséquence et le complément.

La première est un système municipal moins servile que celui qui nous régit ; la seconde, une organisation militaire plus nationale, mise d'accord avec ce système. Ces deux institutions donneraient à la France les garanties dont elle a besoin. Elles deviendraient pour elle une seconde Charte, et le *palladium* de ses libertés. Le trône y gagnerait toute la sécurité que donnent l'ordre et la subdivision des intérêts. En un mot, loin d'être ralentie, l'action de l'autorité royale y gagnerait de la force et de l'activité.

Développons notre pensée. Loin de nous, d'abord, toute intention de proposer quelque chose qui soit contraire aux prérogatives royales. La Charte sera, sous ce rapport, notre règle et notre guide. Elle ne saurait nous tromper.

Le lecteur ne s'attend pas non plus à trouver ici, une longue dissertation sur l'origine et sur l'essence du système municipal. De graves publicistes ont, pour ainsi dire, épuisé cette matière ;

nous ne voulons ni les copier, ni les commenter. Les bornes de cet écrit ne nous permettent d'ailleurs que des considérations générales; et ces considérations suffiront au développement de la question que nous n'aborderons que sous ce point de vue.

L'institution de l'autorité municipale est presqu'aussi ancienne que la société. Lorsque l'autorité patriarcale eût pris des accroissemens considérables, lorsque la tribu exigea pour sa sécurité et pour son intérêt, des lois fixes et un gouvernement plus général que ne pouvait l'établir l'autorité du père de famille; lorsqu'enfin l'aglomération des individus, força le peuple à se diviser en plusieurs camps, ou pour mieux dire en plusieurs cités, le système municipal se forma naturellement par cette première division de la famille. Les cités nouvelles devinrent autant de succursales de la métropole; mais, dans la nécessité de se défendre contre des agressions puissantes, elles voulurent rester en liaison et en confédération avec cette métropole; elles reconnurent, comme par le passé, l'autorité paternelle du chef de la tribu; mais elles érigèrent, au milieu d'elles, une autorité nouvelle, délégation expresse de la première, et destinée à statuer sur les intérêts secondaires et journaliers de la population nouvellement colonisée. Cette autorité secondaire devait régler la police et les intérêts

locaux de la société. L'autorité première se ré-
servait la haute juridiction, les affaires d'un intérêt général, le commandement de la force
armée, la législature, le sacerdoce, en un mot,
la souveraineté.

Il résulte de cet exposé basé sur le texte des
livres sacrés et sur celui de l'histoire profane, que,
depuis la plus haute antiquité, le pouvoir municipal a été regardé comme une partie intégrante
des immunités de la famille. Nous nous exprimons
ainsi, parce que nous voulons nous abstenir de
fouiller dans la poussière des siècles, pour chercher à la chose une origine plus majestueuse. Les
Romains dont la législation fut la source de
toute civilisation moderne, les Romains regardaient le système municipal sous un point de vue
plus *grandiose.* Ils y trouvèrent toujours, même
sous les empereurs, une partie inaliénable et
sacrée de leur souveraineté populaire. Or, sans remonter aux institutions despotiques de l'Asie
dont les nôtres ne dérivent point, c'est comme
nous l'avons dit ailleurs, c'est dans les lois et dans les
coutumes romaines, que nous avons à chercher
l'origine des immunités municipales. Là, nous
les trouverons, déjà plusieurs siècles avant notre
ère, appliquées aux cités fondées sous le nom de
colonies romaines; nous les trouverons sous d'autres formes, et d'une manière moins libérale,
chez les peuplades subjuguées ; mais, chez les

unes et chez les autres dominait visiblement le grand principe de ces immunités; savoir : que l'autorité municipale doit être une autorité paternelle, déléguée par les habitans d'une même cité à des hommes de leur choix, pour administrer avec une indépendance suffisante, la police locale et la partie des biens et deniers publics, destinée au service de la communauté.

Cet ordre de choses subsista dans les Gaules, sous les Césars, et ne subit que de légers changemens pendant les premiers siècles de notre monarchie. Les usurpations féodales le firent presque disparaître sous la domination carlovingienne, source première de toutes les désolations, de tous les avilissemens du peuple français. La restauration des libertés municipales fut due à plusieurs rois de la race capétienne, et, quoiqu'à raison de la résistance qu'ils trouvèrent dans les intérêts opposés des grands feudataires, elle ne pût être générale, elle n'en fut pas moins un des plus grands bienfaits de la royauté. Les concessions faites à ce sujet, étaient même telles, qu'on pouvait les considérer comme une aliénation toujours hasardée des droits souverains. Plusieurs villes avaient le droit de lever des impôts, et d'entretenir des troupes pour leur propre usage. Presque toutes avaient été mises en possession de faire rendre la justice par des tribunaux qu'avaient institués le peuple ou ses représentans. Mais, après avoir servi de contre poids au pouvoir des grands feudataires, cet immense développement donné au Gouvernement municipal, finit par devenir une source de troubles et de guerres civiles. Nos rois furent obligés de rétracter plusieurs des concessions faites ou confirmées par Louis-le-Gros, par Louis ix et par d'autres. Ils furent forcés de désarmer le plus grand nombre des villes; d'autres villes, qui avaient conservé tous leurs priviléges, les perdirent plus tard, par l'effet de leur rebellion : le droit de rendre la justice enfin fut ôté à la plupart par l'ordonnance de Moulins (1). Mais les autres immunités, notamment celle de s'administrer par des magistrats de leur choix, et de diriger sans tutelle, l'emploi de leurs revenus, demeurèrent intactes à nos villes.

Il n'en fut pas de même des campagnes; elles restèrent sous le régime féodal; c'est-à-dire, que leurs habitans demeurèrent dans une servitude plus ou moins accablante.

Tel était encore l'état de l'administration municipale à l'époque de la révolution. Chacun sait que le principe qui dominait ce grand événement, était le principe d'une égalité absolue. Il dut prévaloir dans la réorganisation du système municipal qui fut établi avec uniformité pour toutes les communes, et d'après un plan fondé sur la supposi-

______

(1) En 1566.

tion d'une société dans l'état de nature, bien plus que sur les besoins réels d'une société altérée sous le rapport moral, et sous le rapport physique. Quoiqu'il en soit, la révolution consacra ce principe de tous les temps, que les magistrats municipaux doivent être choisis par la généralité des citoyens; et, malgré ses autres défauts, ce système parut encore supportable; mais il ne fut pas assez fort pour devenir un contre-poids du pouvoir monstrueux que s'arrogea depuis la Convention. Il dut tomber comme tout ce que la révolution avait élaboré dans son premier mouvement de convulsion. Vainement, par une constitution mieux combinée, voulut-on remédier à ces inconvéniens; on s'aperçut toujours de l'absence de tout ce que la révolution avait détruit, et surtout du défaut de cette hiérarchie sociale qui fait la force et la véritable liberté, qui est le premier gage de la durée des états. Le despotisme militaire put seul remplir, pour un instant, ce vide immense, parce que l'autorité la plus forte put seule suffire pour contenir ce qui était en dissolution, pour relever ce qui était tombé en ruine. Cette autorité ne fut pas sitôt installée, qu'elle remplaça tout ce que le code municipal contenait de libéral et de bon, par le code d'asservissement qui nous régit aujourd'hui. En cela, le gouvernement impérial avait été conséquent à son principe. Mais le gouvernement du Roi est-il également conséquent à son principe qui est la légitimité et le respect de toutes les légitimités, en conservant un ordre municipal si contraire à l'esprit de nos lois et de nos mœurs? Peut-il trouver un avantage réel à s'embarrasser de la tutelle de nos communes, à régler par lui-même les moindres détails de la police locale, à préposer aux citoyens, des magistrats qui, souvent sans aucune influence personnelle sur la population, sont obligés de recourir à la force, pour obtenir de l'ordre et de la tranquillité? La raison et l'expérience ont répondu négativement. Si nous étions appelés devant le conseil du Roi, pour donner notre avis sur cette grave question, nous dirions avec toute la France :

« Conservez au monarque la haute main sur » l'administration municipale; mais, par le même » principe qui veut l'indépendance du pouvoir ju- » diciaire, accordez aussi une certaine indépen- » dance aux magistrats qui sont chargés de diri- » ger l'ordre social dans ses premiers élémens, » dans la police judiciaire et administrative des » communes; consentez qu'ils soient élus par les » citoyens *dans une classe qui, par son éducation* » *et par sa fortune*, est plus particulièrement ap- » pelée à remplir ces fonctions; réservez au roi » le droit d'accorder ou de refuser leur installa- » tion.

» De même, donnez un plus grand développe- » ment à l'autorité des juges-de-paix. Donnez-

» leur plusieurs adjoints, pour qu'ils jugent en
» tribunal certaines causes qui peuvent être discu-
» tées sur les lieux, avec plus de succès et plus
» d'assurance qu'ailleurs. Rendez également ces
» fonctions électives, sous la condition de la
» confirmation royale.

» L'autorité des préfets et des sous-préfets est,
» comme les autres, une autorité municipale. Ob-
» tenez de S. M., qu'elle daigne rendre ces charges
» inamovibles, et n'y promuer que des hommes
» suffisamment *possessionnés* dans le département
» qu'ils doivent administrer. Enfin, donnez des
» attributions plus étendues aux conseils géné-
» raux des départemens ; qu'ils deviennent de
» hautes cours administratives, chargées de déci-
» der, sauf appel à une cour souveraine instituée
» pour toute la France, des questions de police
» locale et d'administration ; que les individus qui
» composent ces conseils, ainsi que ceux qui com-
» posent les conseils de préfecture, puissent être
» élus par des citoyens députés de chaque com-
» mune, et choisis sur une liste de notables qui
» aura été formée par les électeurs, et soumise à
» l'approbation du Roi. Avec de pareilles institu-
» tions vous rendrez de la force à l'administration
» municipale, en même temps que vous ferez re-
» vivre la confiance des administrés ; mais ce n'est
» pas là le seul avantage que vous en retirerez. La
» perception de vos impôts directs et indirects,

» vous coûte des sommes énormes ; avec une ad-
» ministration municipale aussi fortement consti-
» tuée, vous pouvez vous épargner ces détails, et
» cette foule d'agens du fisc, qui pullule jusque
» dans les hameaux. Les départemens s'abonne-
» ront pour vous solder en somme, ce qui peut
» revenir au trésor, sur les contributions qu'au-
» ront votées les Chambres ; et un très-petit nom-
» bre d'agens leur suffira pour les faire rentrer (1).
» En un mot, rendus à leur indépendance, les
» départemens ne trouveront impossible ni les
» efforts ni les économies. »

Tel est le langage que nous ferions entendre.

(1) Les bornes de cet écrit ne nous permettent pas d'entrer dans les détails de ce système. Mais il n'est pas un
lecteur qui ne comprenne par l'ensemble de notre plan,
qu'il offre d'immenses économies, soit sur les frais de centralisation des affaires du fisc, soit sur la perception des
impôts directs et indirects. Les départemens s'adminis-
treraient à moins de frais et procureraient la rentrée exacte
des impositions en n'employant que la moitié des agens
que le gouvernement est forcé de salarier. Il est vrai toutefois que ces économies ne pourraient s'effectuer qu'à fur
et à mesure des extinctions dans le personnel des employés actuels; mais elles s'opéreraient toujours avec le
temps; et ce n'est pas les porter trop haut que de les
estimer dans le seul département des finances, à 22 millions par an, et dans celui de l'intérieur à 3 millions. Une
économie bien plus considérable résulterait d'une autre
organisation militaire dont nous parlerons tout à l'heure.

Quelques-uns, sans doute, nous reprocheront de vouloir, par l'exécution d'un tel plan, borner l'influence, et peut-être même l'autorité royale : Nous leurs prouverons que leurs craintes sont chimériques. L'influence d'un pouvoir quelconque n'est jamais plus grande que lorsqu'elle est délivrée de cet appareil despotique qui la fait craindre et détester. Dans notre plan, l'autorité royale ne perd rien de sa force ; au contraire, elle gagne toute l'intensité que peut lui donner la confiance des citoyens qu'elle aura consultés pour le choix de ses agens. Tout cela est vrai, rigoureusement vrai, pour un Gouvernement qui ne veut point s'écarter des voies légales ; ce n'est, à la vérité, qu'à un tel Gouvernement que notre plan peut convenir.

D'autres nous reprocheront, avec plus de raison peut-être, que nous voulons organiser une aristocratie au milieu d'un peuple dont le premier droit et le premier désir sont l'égalité. En effet, telle paraît d'abord notre intention ; mais en l'examinant de plus près, on trouvera que nous voulons seulement régulariser l'action de l'aristocratie qui existe *de fait* parmi nous ; aristocratie que la Charte et nos mœurs ne réprouvent point. Au lieu de la laisser dans la dépendance d'un pouvoir intermédiaire, qu'elle flatte beaucoup et qu'elle seconde mal, nous voulons rendre cette aristocratie à sa dignité comme à sa véritable des-

tination, en mettant chacun de ses membres dans
l'alternative de rester sans influence, ou de méri-
ter la faveur publique par des procédés pleins de
zèle et de bienveillance. D'un autre côté, rien
chez nous, ne tend à rendre les magistrats esclaves des caprices de la multitude, lorsqu'une fois
ils seront installés dans leurs fonctions. Qu'on
oblige leur responsabilité par des lois sévères; et
jamais l'autorité n'aura été mieux obéie; jamais
elle n'aura eu plus de facilité à l'être. Ainsi, tout,
dans notre système, concilie la dignité du citoyen
avec l'action légale du Gouvernement. Celui-ci
sera mieux servi , sans supporter la responsabilité
morale des erreurs de ses agens; les classes ins-
truites acquerront une considération et une influence qui leur manquent; les classes inférieures
enfin, retrouveront leur part dans le droit de suf-
frage qui leur est refusé dans l'ordre actuellement
établi. Qu'on se rappelle Rome et les jours de sa
plus grande splendeur; ces beaux jours elle les
dut à un système semblable à celui que nous proposons, avec les changemens que les mœurs de
notre siècle commandent. Qu'on se rappelle encore cette Rome dans les jours néfastes qui sui-
virent; elle les dut au dérangement de l'action
d'un pouvoir si sagement balancé entre le Gouvernement, l'aristocratie et le peuple.

Quelques esprits toujours prêts à réduire les
choses à leur plus simple expression, au point de

les réduire à rien, soutiendront que, chez nous, toute démocratie, comme toute aristocratie est représentée dans les chambres, et que, hors de là, il n'en doit pas exister. Ce raisonnement serait faux. La chambre des pairs ne représente pas plus l'aristocratie, que la chambre des députés ne représente la démocratie. Ce sont des pouvoirs législatifs; hors de là, ils ne sont rien. Les véritables, les seuls aristocrates de notre temps sont les agens du gouvernement. Ceux que nous voudrions mettre à leur place, seront aussi subordonnés à l'autorité de ce Gouvernement; mais ils le seront dans les bornes que pose la loi. Nous croyons que si la France avait à choisir, elle ne balancerait pas entre ces deux sortes d'aristocraties.

Les avantages que nous venons d'énumérer, ne seraient d'ailleurs pas les seuls qui résulteraient de notre système. Sous l'autorité, sous la surveillance d'un conseil général, tel que nous voudrions le voir instituer, les deniers des contribuables tourneraient plus directement à leur profit. Les départemens verraient incessamment se succéder les améliorations qu'ils réclament en vain depuis si long-temps. Chaque citoyen renfermant son ambition dans son pays natal, s'emploierait au bien public d'une manière plus efficace qu'il ne peut le faire en promenant ses facultés d'un bout de la France à l'autre. Il y aurait beaucoup moins de charges rémunérées; mais on s'appliquerait plus généralement à l'industrie agricole et commerciale qui ne peut qu'augmenter l'aisance des classes inférieures en même temps, qu'elle enrichit les autres. On s'attacherait plus moralement à une terre devenue le domaine d'une sage liberté, à un gouvernement tutélaire devenu le lien commun de tous les enfans de la grande famille. Dès ce jour, plus de méfiance, plus d'opposition inquiète; les droits fixés de part et d'autre sont reconnus et respectés; comme nous l'avons dit, le gouvernement est facile, l'obéissance est plus facile encore.

Les élections que le ministère n'influencerait plus que par le moyen légal de la persuasion, n'amèneraient aux chambres, que des députés franchement ministériels, parce que, dans l'opinion publique, le ministère aurait cessé d'être hostile. Le roi n'aurait plus à redouter les troubles qui pourraient survenir dans les provinces; car, ce ne serait pas son gouvernement que ces troubles auraient pour objet; invoquée par tout ce qui serait divisé, son autorité suprême n'interviendrait partout, que comme une puissance tutélaire. Une révolution, en un mot, deviendrait impossible, parce que personne ne serait intéressé à la favoriser; l'aristocratie telle que l'auraient faite et le souvenir des services, et l'industrie et la propriété, deviendrait pour l'État, une puissance salutaire. Rendue à sa véritable destination, l'aristocratie nobiliaire même, ce vieux épouvantail des zélateurs d'une égalité absolue, cesserait de peser par ses prétentions et par ses espérances; dans ses rangs toujours ouverts et néanmoins serrés, elle n'existerait que par le mérite qui l'aurait élevée, que par le patriotisme qui la ferait valoir, que par les services qui commanderaient le respect et la reconnaissance; la noblesse, en un mot, si elle était fondée sur quelque chose de plus qu'un titre ou qu'un blazon, pourrait prétendre encore aux honneurs d'un patriciat que la voix de la bienveillance publique confirmerait de père en fils aux familles qui sauraient, à l'exemple des d'Assas, et des Latour-d'Auvergne, joindre la couronne civique au laurier de la victoire.

Nous le répétons, aucun avantage ne manquerait à un tel système. L'église, les intérêts de la religion et ceux de ses ministres, en tant que ces intérêts s'accordent avec la sainteté de leur institution, seraient mieux garantis que sous la protection d'un pouvoir mal défini, soupçonné de vouloir empiéter sur des droits autres que ceux qu'il tient de ses rapports spirituels. Il n'est pas un département qui ne voulût donner à cette partie du sacerdoce qui serait chargée de ses intérêts religieux, tout l'éclat, toute l'aisance, toute la considération dont elle pourrait avoir besoin, dès l'instant que sa population saurait que, travaillant par elle et pour elle, ses efforts et ses sacrifices ne pourraient tourner qu'à son propre avantage, au lieu d'aboutir à l'asile obscur de quelques apôtres de l'intolérance.

Oui, nous le disons avec toute la conviction que peut donner l'expérience d'une longue observation : Un bon système municipal est chez nous un des besoins les plus pressans de la société.

Une autre amélioration qui n'importe pas moins, serait celle qu'aurait à subir notre système militaire. Cette amélioration serait une conséquence forcée de la première; elle serait comme le sceau apposé à l'acte qui proclame notre liberté; elle deviendrait le gage le plus sûr de l'indépendance nationale, à l'égard des autres États.

Toutefois, nous entendons encore quelques hommes chagrins prononcer la réprobation d'un plan que nous n'avons pas même eu le temps de développer; nous les entendons dire, que tout changement apporté à notre organisation militaire serait impossible, ou subversif de la monarchie. Qu'ils se rassurent ces hommes à conscience timorée, ou bien, s'ils le veulent, qu'ils appellent à leur secours toute la flexibilité de la rhétorique des courtisans et de celle des ministre, tous le pathos et tous les néologismes que les défenseurs obligés du pouvoir sont dansl'habitude d'employer en faveur de leur principes ! Pour faire triompher les nôtres, nous n'aurons recours qu'à des raisonnemens simples, mais appuyés des témoignagnes imposans de l'histoire,

Nous savons d'abord, qu'on repoussera notre système, parce que nous demandons son adoption comme une garantie de la stabilité de nos institutions. On nous répètera ce qu'on a dit si souvent; qu'une telle demande est presqu'une offense à la Royauté; que le pouvoir monarchique et légitime est la seule sauve-garde des libertés publiques, parce que celles-ci ne peuvent exister sans l'ordre, et parce que, pour recevoir la vie, l'ordre a besoin d'un régulateur. Cela est ainsi partout ; cela doit être et nous en convenons. Mais si, au lieu d'intervertir cet ordre, nous ne voulons qu'indiquer les moyens de le régulariser et de le rendre stable, pourrait-on nous condamner? Une comparaison bien simple nous aidera à résoudre la question.

Dans une mécanique, un ressort trop tendu risque de orcer la marche des rouages, et de se briser par la continuité de ses efforts; un ressort trop lâche en ralentit la marche, et n'en fait qu'une machine variable et toujours trompeuse. Il est un terme moyen de force et de souplesse, qui peut seul produire l'effet désiré. Or, si un homme venait offrir un moyen d'en régulariser le mouvement, refuserait-on de l'entendre par la seule crainte qu'on pourrait être tenté de faire l'essai de son procédé? Si de cette vérité physique nous passons à un principe moral, à un principe politique, nous trouvons que le ressort d'un rouage de gouvernement appelé la monarchie, est, comme celui d'une mécanique, inventé pour produire un effet, relativement à un objet qui est hors de lui, relativement à la chose publique, et que, bien que non inventée par lui, la chose publique doit cependant lui prêter son appui. Ainsi, les dynasties ne sont rien par elles-mêmes ; mais elles sont tout par leur institution ; elles sont tout par la position élevée où elles se trouvent placées; position qui offre au régent la facilité de se mettre à l'abri des passions et des séductions du vulgaire ; elles sont tout par les souvenirs et par les effets de la vie politique de l'État. Or, c'est de ces institutions, c'est de cette position, c'est de ces souvenirs que découlent les devoirs d'un monarque; devoirs pénibles et glorieux, dont l'accomplissement est le motif raisonné du culte de respect et de vénérat'on que nous avons voué à la Royauté. C'est ce culte qui est le tribut le plus naturel que le sujet puisse payer à son Prince, en retour de tant de peines et de sollicitudes. Nous aussi, nous sommes toujours prêts à l'acquitter ; mais sans le confondre avec le culte faux de la flatterie. Lorsque l'immortel auteur du discours sur l'histoire universelle disait à son royal élève, ces paroles qui valent seules un un long panégyrique : «Les jours de Titus s'écou» lèrent trop vite pour le bonheur du genre hu» main,» il n'entendait point flatter ce Prince par une allusion ; il voulait lui montrer avec l'expresrion la plus simple et la plus forte, l'image des devoirs et des véritables grandeurs de la royauté. Quoique dans une autre position, et sans prétendre nous élever à la hauteur de l'illustre écrivain que nous venons de citer, nous oserons cependant émettre aussi notre pensée ; et grâce à nos institutions, nous pourrons le faire, sans, comme lui, l'envelopper de formes oratoires qui ne pourraient servir qu'à l'obscurcir. La vérité prononcée, pour ainsi dire, en face du trône, est d'ai leurs le plus noble hommage que nous puissions rendre aux vertus du monarque.

C'est donc au nom de la vérité, que, revenant à notre sujet, nous osons invoquer cette maxime des peuples libres : *Dans l'ordre constitutionnel*, les Princes *ne peuvent rien pour le mal* ; *ils peuvent tout pour le bien*. Partout où leur pouvoir n'est pas ainsi lié et délié, il n'existe point de constitution ; il n'existe qu'une liberté précaire comme la vie de l'homme ; qu'un ordre social semblable à ces simulacres d'édifices qu'une faible secousse suffit pour renverser. Or, sans examiner davantage si notre position n'est pas telle ou presque telle, il nous suffira de démontrer qu'elle peut changer en mal par le vice des institutions ; et, outre les preuves que nous avons déjà produites, toutes celles qui sont nécessaires pour arriver à ce résultat, nous les trouvons dans l'organisation de notre force armée.

Qui de nous oserait se rendre garant que l'armée, telle qu'elle se forme successivement chez nous, qu'une armée permanente, ne puisse devenir une puissance dangereuse autant pour le trône que pour le peuple? Qui oserait affirmer, que toujours assez forte pour être un instrument d'oppression, ou pour accomplir des conspirations prétoriennes, cette armée le serait assez pour faire respecter notre indépendance si elle était attaquée au dehors?

Sans fouiller dans l'histoire des peuples anciens, interrogeons l'histoire moderne, et surtout l'histoire contemporaine. L'histoire moderne nous montre en Allemagne un *Wallenstein* menaçant le trône de son maître, à la tête de l'armée qu'il commande; en Angleterre, *Cromwel et Fairfax* à la tête des troupes, proclamant la déchéance de l'infortuné Charles Stuart, et régularisant le régicide sous les formes d'une commission militaire. Encore plus féconde en exemples effrayans, l'histoire contemporaine nous montre chez nous, les grenadiers de la garde directoriale aidant leur général à renverser la constitution (1); ces mêmes soldats l'élevant à l'empire, et le soutenant dans ses mesures despotiques. Cette histoire contemporaine nous montre, encore en 1815, l'armée liée par ses sermens, renversant un trône constitutionnel, pour rétablir le pouvoir de ce chef. Au - dehors, elle nous offre l'exemple des soldats de l'île de Léon opérant en Espagne la révolution la plus prompte et la plus complète; tout récemment enfin, elle nous avertit par les événemens de Russie.

(1) En l'an 8.

Après de tels faits, peut-on douter qu'une armée permanente, organisée comme la nôtre, une armée qu'on promène de camp en camp, de garnison en garnison, pour la rendre incivique et cosmopolite, en dépit de son origine nationale, ne puisse devenir une force redoutable pour l'État même qu'elle doit protéger?

Les plus fortes arguties des contradicteurs tomberaient ici devant les témoignages que nous venons d'invoquer. Qu'on nous redise tant qu'on voudra ces phrases usuelles de sentiment, de fidélité, d'empire admirable du pouvoir légitime, d'indignation des peuples qui arracheraient les armes des mains sacriléges! Nous répondrons que, très-belles en théorie, toutes ces maximes suffisent rarement dans la pratique. Dans l'événement, ce sont les baïonnettes qui finissent par avoir raison. Il n'est d'ailleurs pas si facile de remuer les masses populaires qui manquent presque toujours d'accord et de direction. On y réussirait, que le remède serait pire que le mal.

Les princes constitutionnels et les peuples qu'ils gouvernent, doivent donc renoncer à la sécurité, ou bien ils doivent s'abstenir de solder en temps de paix, des armées permanentes trop nombreuses. C'est là ce que fait l'Angleterre ; mais notre position ne nous permettant pas d'être désarmés même en temps de paix, il ne nous reste qu'un seul moyen de rendre les armées inoffensives pour le trône et pour la liberté ; c'est de neutraliser la force par la force, et le despotisme des camps par les habitudes de la vie civile.

Cette pensée renferme toute la partie morale de notre système : quant aux détails de l'organisation, cet écrit ne saurait les renfermer tous ; nous nous bornerons à les indiquer et à les discuter sommairement. Que le Roi conserve à sa disposition, une armée soldée, mobile, composée de sa garde, des corps étrangers, de la cavalerie, de la gendarmerie et des corps d'artillerie et du génie. Il est de l'essence de ces sortes de troupes d'être toujours en haleine et sous les armes. Leur instruction et leur discipline plus chargées de détails, souffriraient du morcellement ou d'une fréquente inactivité. Mais il n'en est pas de même de l'infanterie française. Noyeau de nos forces, elle en forme la grande masse, en même temps que son instruction est plus prompte et plus facile, et que son entretien est moins coûteux. Avec une meilleure organisation, son effectif peut être triplé, et ne pas coûter ce qu'il coûte aujourd'hui. Mais cette augmentation de force numérique ne serait pas le seul bien que la patrie retirerait de l'organisation que nous proposons. C'est le moral de ces troupes qui gagnerait tout à cette mesure, tandis que la liberté civile y trouverait la plus essentielle de ses garanties, le trône un motif puissant de sécurité, l'État un moyen d'économie. Expliquons-nous.

Telle qu'elle est, notre infanterie de ligne ne

forme pas un total de cent vingt mille hommes.
Nous avons déjà dit que c'est trop pour notre sécurité intérieure, et pas assez pour nous défendre
contre les attaques du dehors. Toutes les puissances ont doublé leur force armée; seuls, nous
laissons la nôtre sur le pied où elle était avant la
révolution. Cependant, pour que nous puissions
tenir notre rang en Europe, pour que nos notes
diplomatiques puissent faire de l'effet, notre armée doit être de quatre cent cinquante à cinq
cent mille hommes, dans lesquels l'infanterie de ligne serait comprise pour trois cent cinquante
mille. Les cent vingt mille soldats qui forment
aujourd'hui l'effectif de cet arme , coûtent à
l'Etat, et sur le pied de paix, un peu moins de
cent millions. S'il fallait tripler cette force et faire
la guerre, il faudrait encore trois cent millions par
an. Où les prendrait-on ? ce n'est pas dans une
augmentation d'impôt. La France paie tout ce
qu'elle peut payer, et la guerre n'est pas propre
à augmenter ses ressources. Il faudrait donc sup-
pléer au déficit, effet d'un grand armement, par
des emprunts toujours ruineux, à la fin même
impossibles, si des économies certaines n'offraient
la faculté de les combler par la suite. L'économie
devient dès-lors un devoir impérieux; notre système, d'ailleurs sans inconvénient, en offre le
moyen et la facilité.

Par l'organisation municipale que nous avons
proposée, on obtiendrait aisément des réductions

de dépenses qui s'élèveraient avec le temps à vingt-cinq millions par an. Celle qu'offre notre projet d'organisation militaire donnerait lieu à une pareille réduction de trente-cinq millions par an, réduction qu'on pourrait opérer sur-le-champ. Tant que durerait l'état de paix, ces économis tourneraient au profit des contribuables ; mais si jamais la guerre forçait l'état de s'endetter plus ou moins, on aurait, par l'effet de notre système, une marge de soixante millions d'impôts dont on pourrait redemander une partie, pour les appliquer à l'amortissement des dettes qu'on aurait été obligé de contracter. Ajoutons encore, qu'avec un tel avantage, loin de faire la loi à l'État, les prêteurs la recevraient plutôt, et se trouveraient heureux de donner leur argent au pair, parce que l'augmentation de nos ressources augmenterait leur confiance.

Ces résultats seuls suffiraient pour recommander l'adoption d'un sytème qui pourrait les offrir. Or, ce sytème n'est sujet à aucune difficulté. Il s'agirait, tout en laissant au Roi la libre disposition d'une armée d'élite, permanente, de cent mille hommes, de réorganiser l'infanterie française en brigades départementales ; en sorte que, chaque département n'aurait qu'une seule brigade de tel nombre de bataillons qui serait proportionné à son contingent. La loi de réorganisation établirait le principe, qu'en temps de paix ; *ces brigades ne seraient jamais employées hors des limites du département, sauf le cas où il s'agirait d'établir des camps d'observation* ou *de manœuvres*, pour les-. quels chaque département fournirait néanmoins un contingent égal; que les simples soldats, la moitié des sous-officiers et la plupart des officiers resteraient en congé dans leurs foyers; qu'on ne retiendrait sous les drapeaux, pour faire le service, qu'un petit nombre d'officiers, la moitié des sous-officiers de chaque bataillon, et la moitié des soldats d'élite. Les autres militaires gradés jouiraient d'une bonne solde de semestre. Au mois de mars de chaque année, on réunirait *en un bataillon d'instruction*, les jeunes soldats de la levée de l'année. Habillés et armés dès leur arrivée, ils seraient à l'instant exercés, et se trouveraient probablement avoir acquis une solide instruction au bout de six mois, temps après lequel on les incorporerait dans leurs bataillons respectifs, réunis par brigade en un camp d'exercice qui durerait un mois ou six semaines. La revue de l'inspecteur-général terminerait ces campemens de manœuvres, peu coûteux et très-propres à former de bons soldats. Chacun ensuite rentrerait dans ses foyers.

Les personnes peu familiarisées avec les détails de l'administration militaire, demanderont sans doute, comment nous voudrions concilier l'économie avec cette prodigieuse augmentation de nos forces? D'autres même, ne voudront voir dans notre projet, qu'un retour vers des institutions féodales, ou la création d'une armée parlem t · les alarmistes enfin, ces hommes

aux yeux desquels tout se peint en noir, croiront reconnaître dans nos brigades départementales, la république toute bardée de fer, en présence de la monarchie désarmée. Pour le moins, ceux-ci nous reprocheront de vouloir transformer nos braves du *Trocadero* en miliciens indisciplinés.

Nous n'aurons pas de peine à dissiper ces préventions. D'abord, l'économie que nous nous flattons d'obtenir, n'est point une chimère. Cent vingt mille soldats d'infanterie, sobrement nourris dans les casernes, coûtent près de cent millions par an, parce qu'on les retient constamment sous les armes, non pour leur faire faire un service réel, mais pour leur ôter toute habitude de la vie civile.

En temps de paix, trois cent cinquante mille soldats citoyens. au contraire, sont dans leurs foyers pendant dix mois de l'année ; et ils ne reçoivent une solde, et n'usent leurs armes et leur habillement, que pendant deux mois environ, temps nécessaire pour les remettre sous le joug de la discipline, et pour les maintenir dans l'habitude des manœuvres. Ils ne coûteront donc en temps de paix, que la moitié de ce qu'il faut pour *l'effectif actuel*, et si demain il y avait guerre, on pourrait en diriger sur la frontière, tel nombre de bataillons qu'on voudrait appeler, sans nécessiter d'autres dépenses que celle d'une indemnité de route.

D'autres effets de cette organisation répondroit victorieusement à d'autres objections. Le premier de ces effets serait de contrebalancer, par cette armée véritablement civique, la puissance de ce lévier d'oppression qu'un ministère mal intentionné, tel que la prépondérance d'une faction quelconque pourrait le créer un jour, trouverait dans une armée séparée de toute affection locale. Il ne faut point se le dissimuler; ce danger-là n'est point idéal. Ce n'est pas l'intention personnelle des ministres que nous craignons aujourd'hui; mais c'est leur dépendance absolue d'une faction mixte, également ennemie de nos libertés politiques, et de l'indépendance noblement royaliste et constitutionnelle des organes qui, dans les deux oppositions, représentent nos vœux et notre antique honneur.

Cette faction deviendra impuissante, lorsque la force armée de chaque département sera composée d'hommes du pays, et commandée par des officiers, leurs compatriotes; lorsqu'une loi aura prescrit que cette force armée ne pourra être éloignée de ses cantonnemens qu'en cas de guerre ou de rassemblement; lorsqu'une loi conforme à nos institutions aura assujéti les agens civils et militaires à la responsabilité de tout acte attentatoire à nos libertés. Alors le pouvoir cessera d'exciter nos alarmes; alors plus que jamais le trône reposera en paix à l'ombre des institutions qui l'ont vu relever; alors on n'aura pas plus à redouter les insurrections populaires que les complôts prétoriens. Les premières, on le sait, ne sont jamais que l'effet de l'oppression ou de la crainte de l'oppression ; or, point d'effet sans cause. Les seconds deviendront impossibles ; car, sous ce seul rapport, notre système oppose l'armée à l'armée.

Le citoyen et le soldat y gagneraient encore sous d'autres rapports. En temps de paix, le fardeau du service militaire se trouverait tellement allégé, qu'on le supporterait sans peine. Le père qui saurait son fils dans le voisinage de son canton, qui, pendant dix mois de l'année le conserverait auprès de lui, qui pourrait lui faire continuer l'état qu'il professe, ne croirait pas l'avoir perdu. Faudrait-il marcher à l'ennemi ? Ce père saurait que son fils est sous les ordres, qu'il est commis aux soins de ses concitoyens les plus distingués, d'hommes qui auraient contracté à son égard une responsabilité morale, bien autrement réelle que celle qui leur est imposée par l'organisation actuelle. Quiconque sait combien, dans nos provinces, on attache de prix à la considération de ses concitoyens, comprendra fort bien la justesse de ce raisonnement.

Quant au jeune soldat, loin de s'énerver dans l'oisiveté des casernes, loin de souffrir dans sa constitution physique par des privations de nourriture presque toujours jointes à de honteuses débauches, dans un âge où ses forces commencent à peine à se développer, ce jeune soldat, disons-nous, s'endurcirait aux fatigues par le travail, et fortifierait sa santé par une meilleure nourriture, et surtout par une vie plus régulière; il conserverait sa foi et sa probité, parce que rien ne corromprait ses mœurs. Ne restant que peu de temps sous les drapeaux, pour y travailler sans relâche à s'instruire des devoirs de son état, il ne cesserait de prendre au pied de la lettre, les règles sévères de la discipline; enfin, de tous les soldats français, notre légionnaire ne serait peut-être pas le plus compassé, mais il en serait le plus robuste, le plus soumis, le plus fidèle, et surtout le plus patriote et le plus brave.

En effet, quelle émulation ne résulterait-il pas de la composition de nos brigades? Quelles merveilles ne verrait-on pas éclore de la noble rivalité de ces corps dans lesquels chaque homme croirait représenter son département, en face des ennemis de la patrie? En quittant les lieux qui auraient vu former leurs phalanges, nos jeunes soldats sentiraient qu'ils ne sauraient y rapporter les drapeaux qui leur auraient été confiés, qu'autant qu'ils pourraient les montrer couronnés de nouveaux lauriers. L'idée de laisser tomber aux mains de l'ennemi, une seule de ces enseignes où le nom du département figurerait au-dessous des armes de France, leur paraîtrait insupportable. Au jour du combat, chacun voudrait attacher son nom à quelque beau fait d'armes ; le danger disparaîtrait devant l'éclat de la gloire, et l'ordre du

jour qui désignerait un de nos guerriers citoyens
à l'admiration publique, deviendrait pour lui une
distinction plus flatteuse que ne le seraient ailleurs
les grades et les titres. Ici le jeune héros deviendrait à la fois l'orgueil de sa famille et l'honneur
de sa cité ; il ne jouirait pas d'une distinction pas-
sagère aussitôt oubliée qu'obtenue ; glorieusement
connu de ceux qui devraient être les témoins de
toute sa vie, son nom serait pour ses actions subséquentes, comme un second ange gardien; ce nom
serait l'heureux compagnon de sa vie, jusqu'à ce
que, gravé sur la pierre tumulaire, avec l'expression de la reconnaissance et des regrets publics,
il devînt encore le sujet d'une émulation nouvelle, léguée aux générations à venir.

C'est ainsi que Sparte, qu'Athènes, que Rome
surent se former des héros, en donnant un but
moral aux obligations qu'ils imposaient à leurs
citoyens ; c'est ainsi que la noble France fonderait
également sur ses institutions, l'édifice de sa gloire
et de sa prospérité.

Comparons maintenant ce guerrier citoyen que
nous voulons charger de la défense de la patrie,
à ce soldat morose qui se croit malheureux tant
qu'il sent peser le joug de la discipline, à cet
homme qui remplit presque à contre-cœur, la
tâche qui lui est imposée par la loi ; qui s'attache
peu ou qui ne s'attache point au service ; parce
que là, rien ne lui sourit ; qui n'a d'autre motif d'é-
mulation que le point d'honneur commun à tous

les hommes, ou l'ambition mesquine d'un galon de sous-officier ; comparons entre eux ces deux guerriers, et demandons-nous lequel des deux nous voudrions charger du soin de notre défense !

Qu'on suppose une guerre d'invasion, et qu'on nous dise encore avec lequel des deux systèmes nous défendrions plus victorieusement le sol de la patrie ! Le système actuellement en vigueur ferait dépendre le sort de la France, d'une ou de deux campagnes malheureuses, d'une grande bataille peut-être ; mais en organisant une Vendée dans chaque département, en donnant au recrutement une force et une promptitude extraordinaires, le système que nous proposons pourrait seul inspirer au gouvernement la confiance de dire comme le Sénat romain : « Nous ne traiterons avec les » ennemis, que lorsqu'ils auront quitté le sol de » la patrie ! »

Quant aux craintes que quelques personnes pourraient manifester, qu'une telle armée fût bientôt transformée en armée parlementaire, elles méritent à peine de devenir l'objet d'une réfutation. Que pourraient faire en temps de paix des troupes disséminées parmi toutes les populations de la France ? Des troupes, pour ainsi dire, désarmées, qui ne pourraient se réunir qu'en vertu d'un ordre royal, et sous des chefs nommés par le Roi ? Que *voudraient* faire en faveur d'une révolution, des soldats citoyens auxquels le moindre changement deviendrait funeste ? Ce serait une armée qui ne rendrait que des services, sans pouvoir jamais nuire ; elle opposerait la force d'inertie à tout ordre subversif de nos libertés ; mais jamais elle ne tournerait ses armes contre le souverain, au lieu qu'elle serait toujours prête à contenir les troupes permanentes, si elles voulaient se livrer à ces mutineries qui si souvent les rendirent redoutables au pouvoir.

Telles sont les améliorations qui nous paraissent nécessaires pour rendre notre système administratif et militaire conforme à l'esprit de nos lois. Ce sont les moyens dont le gouvernement dispose, que nous voudrions voir changer pour des moyens plus sûrs, plus prompts et moins arbitraires. Nous n'examinerons point ici, si le despotisme est ou n'est pas dans la *volonté* des ministres. Nous le trouvons dans les formes de leur administration, et cela a dû nous suffire pour le signaler. Nous l'avons fait ; nous avons suffisamment prouvé que ce n'est qu'en voyant briser l'instrument fatal qui est aux mains du pouvoir, que ce n'est qu'en le voyant remplacé par une machine administrative plus régulière et moins dispendieuse, que nous pourrons espérer de conserver ce qui nous reste de nos libertés, que nous verrons la puissance et la prospérité nationales s'élever à l'apogée de leur grandeur.

Les moyens que nous avons indiqués nous paraissent propres à produire ce résultat, sans rien ôter au pouvoir salutaire du monarque, aux prérogatives de sa couronne. Ici même nous pourrions encore invoquer l'exemple des autres États et les leçons de l'expérience. Un système municipal semblable en beaucoup de points à celui que nous proposons, régit la plupart des villes d'Allemagne; un système militaire analogue est adopté dans le même pays, en Piémont, dans les Pays-Bas. La Prusse dont les revenus sont de moitié inférieurs à ceux de la France, n'a pas d'autre secret pour entretenir une force armée de 300,000 hommes (1).

Tout paraît donc rassurant dans notre système. Les avantages en sont incontestables. Ordre, liberté, force, économie et sécurité, il réunit tout. La nation l'adopterait avec confiance; mais nos ministres le jugeront-ils digne de leurs méditations? Non; pas aujourd'hui, du moins; demain peut-être. Chez nous comme ailleurs, chaque jour doit apporter sa charge et ses bienfaits.

TROISIÉME PARTIE.

La France dans l'ordre politique de l'Europe.

Dissipons l'illusion de ce beau rêve qui nous montra la France dans toute sa majesté, la France

(1) La landwehr irrégulière n'est point comprise dans cette évaluation.

heureuse par l'alliance du trône, de la justice et de la liberté; la France puissante par l'usage de ses forces intellectuelles et physiques, par ses institutions, et surtout par l'union de ses citoyens; la France enfin, marchant à la tête de la civilisation et des grandeurs de l'ancien monde. Cette France n'existe pas encore; mais, telle qu'elle est, elle réunit dans son sein tous les élémens de la prospérité qu'elle devait espérer de sa longue lutte. Elle marche encore sous la bannière de l'héritier de ses rois. Un prince qui a commencé son règne par la restauration d'une de nos libertés les plus précieuses, un prince qui, pour connaître la vérité a voulu qu'on pût la dire, est assis sur le trône. Attentif à nos destinées, il saura reconnaître les besoins réels, les vœux motivés de ses peuples; il saura y répondre. Un seul acte, une seule parole de sa puissance ne peuvent-ils pas nous rendre la force et la vie? Ah! n'en doutons pas, un jour cet arrêt que nous attendons de sa sagesse sera rendu, et les peuples l'accueilleront avec respect et avec reconnaissance. Jusque-là, continuons d'espérer; tâchons d'envisager sans prévention l'ordre politique que les derniers événemens ont fait naître en Europe : peut-être y trouverons-nous de puissans motifs pour croire à un retour plus prompt aux principes que nous avons invoqués.

Dans sa partie civilisée comme dans sa partie encore barbare, cette Europe montre tous les développemens des facultés de la société; tableau vivant de tous les âges, le mouvement imprimé à sa marche du moment, semble nous offrir l'histoire des siècles. Toutefois, pour distinguer la nature et le but de ce mouvement dont la célérité toujours croissante étonne et frappe notre imagination, considérons pendant un instant les peuples divers dans l'enfance de leur éducation politique ; suivons-les dans leur adolescence; examinons leur génie et les causes physiques et morales qui ont influé sur leur caractère. C'est ainsi que nous reconnaîtrons positivement le rôle que chacun d'eux doit adopter au jour de son émancipation. A cet effet, remarquons surtout un principe : c'est que la puissance, comme les intérêts politiques des différentes nations, sont en proportion de leur culture morale. L'histoire de tous les peuples constate cette vérité.

Lorsque la civilisation de la Grèce alla se coloniser sur des plages lointaines, elle posa le berceau de sa régénération sous le ciel fortuné de l'Italie, des Gaules et de l'Ibérie. En peu de siècles, elle développa ses merveilles; elle naturalisa sa religion poétique, ses arts, ses sciences et ses lois dans tout le midi de l'Europe.

Mais Rome qu'elle avait plus particulièrement comblée de ses faveurs, Rome, portant ses armes jusqu'aux rives du septentrion, éveilla, chez des peuples inconnus, le désir des conquêtes qui animait ses concitoyens. Long-temps foulés ou contenus par les légions romaines, les barbares vinrent à leur tour fondre sur la terre des miracles, et l'Europe policée subit leurs lois. Leur choc fut comme un ouragan dévastateur qui, dans son cours capricieux, brisa le foyer des lumières, en reportant toutefois quelques étincelles du feu sacré jusqu'au fond des ténèbres dont il était sorti.

Tout dut ployer et tout en effet ploya sous les coups des barbares. Institutions, lois, autorité, tout fut renversé. Le christianisme seul resta debout ; le Christianisme seul se montra plus fort que la puissance des conquérans. Il avait bravé les persécutions des vaincus, il subjugua l'orgueil des vainqueurs. Loin de succomber, il s'éleva triomphant au milieu de la désolation générale ; il commanda la vénération de ceux qui foulaient aux pieds le diadème des Césars ; et sa puissance comme religion, devint visible au jour même où celle des dominateurs de la terre fut précipitée dans le néant. Les guerriers nomades du nord, ces hommes qui ne connaissaient ni la servitude civile, ni la servitude religieuse, ces hommes, dont l'esprit n'était point encore resserré dans les bornes étroites des spéculations de l'avarice, dont l'imagination colossale et désordonnée comme la terre sauvage qui les avait vus naître, dédaignait les mœurs et les lois de la civilisation, pour ne rechercher que l'aisance qu'elle offre à ses adeptes, ces hommes baissent le glaive devant les apôtres de la religion du Christ. La morale de

cette loi sainte les attire ; ses mystères les sur-
prennent et les étonnent ; mais facile à éclairer
dans sa simplicité, leur raison adopte avec ferveur
les préceptes du dieu vivant ; tout leur paraît
mensonge et néant dans les croyances payennes,
tout leur paraît grandeur et vérité dans cette
religion qui élève l'homme au-dessus de la condition matérielle, en lui révélant une vie à venir,
en lui montrant un dieu père et rémunérateur ;
dans cette religion qui lui donne l'espérance et
la foi, en attendant la couronne qu'elle lui réserve
au-delà du tombeau.

Ainsi, par sa morale et par ses mystères, la religion opéra la conversion des barbares qui avaient
envahi le midi de l'Europe. Pareux, elle transporta
successivement sur ses ministres, une partie de
l'autorité temporelle dans les nouveaux Etats qui
étaient sortis des ruines de l'Empire d'Occident, et
ces ministres, devinrent les dépositaires des germes de civilisation qui devaient y éclore un jour.

Déjà, dans notre essai historique, nous avons
dit comment ces derniers usèrent de l'immense
influence que leur donnait cette position nouvel e. Nous les avons suivis dans l'abus de leur
autorité comme dans leurs efforts pour le bien.
Nous avons fait remarquer la liaison étroite
de cette religion, avec la culture morale des
peuples, avec leurs lois et avec leurs mœurs.
En séparant de son action propre, l'action du
fanatisme et de la superstition qui lui est étran-

gère , nous l'avons montrée comme la **source** des plus nobles institutions que les siècles aient vu fonder. Nous ajouterons, qu'à tort quelques hommes qui ne la comprennent pas, voudraient la considérer comme un antidote contre les droits et contre la liberté des peuples; qu'à tort encore, entraînés par de faux systèmes, d'autres redouteraient son influence comme un moyen de tyrannie. Les uns et les autres prendraient l'abus pour la chose. Partout, dans sa pureté, la religion s'allie avec les droits que l'homme peut justement invoquer. Elle ordonne de les respecter; elle seule traite ses enfans avec une égalité qui n'admet de différence que celle qui provient de la vertu. Elle commande la soumission aux puissances de la terre, mais dans l'intérêt de la société seulement. Dépouillons la religion de tout ce qui n'est pas elle, et nous n'y trouverons rien de servile, rien qui ne soit conforme aux lois d'un peuple libre. Est-ce dans les écrits des philosophes modernes, que les habitans de la Grande-Bretagne ont puisé leurs institutions? N'est-ce pas l'Évangile à la main, que les citoyens des cantons helvétiques décrétèrent les lois qui cimentent leur liberté? N'est-ce pas là encore, que les Etats bataves, que les républiques d'Allemagne ont puisé le texte de leur droit public? Et ces Grecs de nos jours qui jeûnent et qui prient avant que de combattre, est-ce dans le *Contrat social* de *Jean-Jacques*, qu'ils ont puisé la pensée généreuse de briser leurs fers?

Non. Ici les faits font justice de toute fausse supposition. Ils répondent que la religion seule fut la source de toute loi équitable, comme elle est la source de toute justice et de toute morale. N'a-t-il pas fallu fausser les principes de cette religion, partout où les droits de l'homme ont été méconnus? Sans doute; et c'est cette vérité qui nous conduit à expliquer les effets de la religion sur la civilisation et sur l'esprit public, selon la manière dont cette religion fut enseignée ou interprétée. Tant que, défigurée par de faux apôtres, elle ne fut qu'un moyen de retenir les peuples dans la barbarie de l'ignorance, elle ne put produire que l'oppression et les catastrophes qui en sont la suite ordinaire. Alors elle n'existait de fait, que dans le cœur et que dans la communion des fidèles, tandis que, dépositaires visibles de ses pouvoirs, quelques-uns de ses ministres s'étaient placés hors de son sein. Mais les abus que nous avons signalés dans notre essai historique, produisirent des sectes dissidentes; le schisme conduisit à l'examen, et l'examen montra la vérité, du moins sous le rapport de ce qu'il y avait de réellement abusif dans l'enseignement et dans les prétentions étrangères au dogme. Dès-lors, la religion et la vraie philosophie purent s'allier; tandis, que porté à réfléchir, sur ce qu'il pouvait comprendre, l'homme s'instruisit à une école où ses mœurs et son intelligence ne pouvaient que gagner. Nous ne déciderons point ici de quel côté, ou du catholisisme ou de la réformation . pouvait se trouver la vérité. Cette question toute de dogme, sera résolue diversement par chacun, selon sa croyance. Mais nous regardons comme un fait qui n'est nullement contesté, que d'ailleurs, pure des deux côtés, la morale chrétienne dut exercer le plus d'influence, quand elle fut le moins voilée ; que, dans les pays où les deux religions jouirent pendant un certain temps, d'une égale liberté, la religion romaine se montra plus tolérante et plus éclairée que dans les lieux où elle dominait exclusivement, parce qu'ici, ceux qui avaient intérêt à la défigurer ne trouvaient point de contradicteurs. Il résulte de ces causes, un effet également avéré, c'est que, parties le moins anciennement civilisées , le nord et le centre de l'Europe, où cette liberté existe depuis le milieu du 17e siècle, ont dépassé en moins de cent ans la civilisation déja ancienne mais stationnaire des Etats d'Italie et d Espagne, où l'influence romaine a continué de se montrer sans partage. De plus, et remarquons bien ce fait qui est important pour l'intelligence des dispositions que montrent de nos jours, les peuples de l'Europe : Dans la première partie, la religion et la philosophie (1) marchant de pair dans l'enseignement et dans la controverse, ont formé des peuples plus sincèrement religieux,

(1) Nous prenons les mots dans leur acception véritable; en parlant de philosophie , nous n'entendons pas parler de certains systèmes sophistiques qu'on nommerait bien plus justement l'aberration de la raison humaine.

plus soummis aux lois, plus politiquement fidèles, et en même temps plus éclairés que dans la seconde, où le peu de progrès tolérés par la domination théocratique ou inquisitoriale en faveur de l'intelligence humaine, a juste suffi pour montrer tout ce que l'abus a d'humiliant et de cruel, sans en indiquer le véritable remède. De là chez les uns cet attachement aux intérêts nationaux, cette touchante affection pour la famille souveraine; sentimens, contre lesquels échouèrent également et la force et les séductions. De là encore ces améliorations successives qui, en moins d'un quart de siècle, ont sans secousse et sans division entre les citoyens, amené de si heureux changemens dans le système politique de ces États.

De là aussi chez les autres, ces mouvemens brusques toujours commencés dans l'intention d'un changement semblable, mais qui ne convient qu'à une partie de la nation, tandis que poursuivant les mêmes intérêts sans les comprendre, l'autre transforme la liberté en licence, et justifie le despotisme par l'abus de cette même liberté. Chez de tels peuples, le succès ou le non succès d'une révolution, devient également funeste. Dans la première supposition, le but sera dépassé, ou il sera manqué ; dans la seconde, il y aura réaction et persécution. L'histoire de tous les peuples en offre la preuve. L'Angleterre qui vit fonder ses institutions dans un temps d'ignorance et de barbarie, lutta long-temps pour les faire prévaloir, parce que la plus grande partie de la nation n'était pas à la hauteur des destinées qui lui étaient réservées. Il lui fallut passer par le creuset du despotisme, et par les horreurs des guerres civiles et religieuses, pour obtenir l'accord de tous les esprits en faveur du système représentatif, qui ne put s'y établir dans toute sa force, qu'après un essai de plusieurs siècles. La stabilité de ce système politique, et la grande prospérité dont il est la source, ne datent pour les Anglais que du commencement du dix-huitième siècle. Les mêmes institutions, au contraire, données aux peuples moralement policés de l'Allemagne, y ont trouvé sur-le-champ des garanties d'ordre et de stabilité.

En France, la leçon des peuples et du Gouvernement a été plus courte qu'en Angleterre; mais aussi elle a été bien plus cruelle. Les cinq premières années de notre révolution équivalent en expérience à autant de siècles. Tout s'y est fait par secousses violentes, parce que les Français de l'ancien régime se trouvaient dans la position de ces peuples, dont nous avons dit, que le peu de progrès permis par l'enseignement à l'intelligence humaine, suffisait tout juste pour montrer ce que les abus ont d'humiliant et de cruel, sans en indiquer le remède. Il a fallu à ce peuple français toute l'expérience que les événemens lui ont prodiguée, pour lui faire comprendre sa véritable position. Aussi, se trouva-t-il assez fort pour supporter la liberté, lorsqu'il la recouvra par la restauration, tandis qu'au commencement de nos troubles civils, il avait été de tous les peuples de l'Europe, un des moins disposés à porter le joug moral que cette liberté impose. C'est, comme nous l'avons dit, que la France de l'ancien régime n'offrait pas cette progression générale de lumières, qu'on remarque chez quelques peuples du nord. La corruption à la tête de la société, l'instruction et les mœurs d'une haute civilisation dans les classes moyennes, jointes à la jalousie qu'inspiraient les priviléges dont ces classes ne jouissaient pas ; dans la classe du peuple, la méfiance, la haine de ses oppresseurs, toute la barbarie de la superstition luttant avec les doutes de la raison ; l'incrédulité prenant pour guide les sophismes de quelques novateurs en vogue ; par dessus tout cela, un gouvernement nul dans son indolence, peu délicat dans ses moyens, intrigant et perfide dans ses relations, même avec le souverain ; cette réunion d'élémens hétérogènes, disons-nous, formait une ample matière pour une révolution, mais non pour une véritable régénération, qui ne pouvait s'effectuer que par une épuration longue et pénible à opérer.

L'Espagne et même l'Italie se trouvent encore aujourd'hui dans une position presque semblable à celle où se trouvait la France avant la réunion de ses derniers états-généraux. Même inquiétude dans les esprits, même opposition d'intérêts et de prétentions ; mais dans l'une de ces contrées, le parti du système inquisitorial et théocratique jouit à l'aide de nos armes, d'un triomphe éphémère sur les défenseurs des droits de la civilisation. Toutefois, ce triomphe ou plutôt cette réaction y deviendra bientôt le motif d'une nouvelle lutte, parce que les peuples de la péninsule conservent beaucoup d'énergie, de persévérance et de dignité. C'est un embarras que la fausse politique de notre cabinet nous lègue au-dehors en surcroît de ceux qu'elle nous suscite au-dedans.

Dans l'autre contrée (nous voulons dire en Italie), l'habitude d'une longue division territoriale, la position géographique, les mœurs et le caractère des habitans semblent rendre douteux le succès d'un mouvement, d'une révolution quelconque. Aucun des peuples divisés de l'Europe n'eût, dans le cours des guerres produites par la révolution française, plus de facilité de se réunir en corps de nation, de constituer son indépendance et sa liberté. Aucun n'en montra moins la vocation. Les Italiens voudraient reconstruire chez eux l'édifice grandiose de la liberté romaine ; mais ils oublient que cette liberté ne s'accorde guère avec les mœurs de Capoue, mœurs qui sont tout ce qui leur reste des temps anciens. Pour conquérir la liberté, il faut plus que de la jactance, pour la conserver, il faut des vertus. Ces vertus, sans doute, peuvent exister chez beaucoup d'Italiens ; mais peu d'entre eux sauraient se soumettre aux sacrifices, peu d'entre eux seraient capables de faire les efforts que commande une semblable restauration. L'Italie d'ailleurs est toujours ouverte à l'invasion d'un voisin puissant ; elle n'a aucune défense naturelle contre des dominateurs qui l'enferment et la serrent de toutes parts ; son intérêt bien entendu semble exiger des améliorations partielles, mais non une révolution. Terre des grands souvenirs, elle offre à l'admiration des étrangers ses ruines et ses chefs-d'œuvre ; berceau de la civilisation de tous les peuples et métropole de leur culte, elle commande l'intérêt, elle invoque la protection des États de l'Europe, sans pouvoir aspirer à reprendre un rang parmi eux. Ce n'est donc pas l'Italie, quels que soient d'ailleurs sa position et l'esprit public de ses habitans, qui pourrait prendre une part très-active au mouvement d'émancipation qui se manifeste chez quelques-unes des nations de l'Europe.

Mais, si la morale religieuse a ainsi diversement influé sur les opinions politiques et sur l'union des peuples, la forme de leur gouvernement, leur position et leurs relations commerciales ont dû contribuer également à former leur puissance. Quoique différentes, ces causes sont en effet tellement liées entr'elles, que partout elles ont produit des résultats conformes à l'impulsion qu'elles recevaient de la cause première.

Dans les états où l'intolérance et la superstition ont pu continuer à couvrir de ténèbres les vérités du code sacré, les plus beaux moyens de production et d'échange sont restés stériles dans les mains d'un peuple intellectuellement et matériellement appauvri ou stationnaire. Voyons l'Espagne, le Portugal, même l'Italie de nos jours. Peu de commerce, point d'industrie, point de finances, point de marine, malgré la fertilité du sol, malgré l'immense développement des côtes, et malgré la richesse des colonies. Mettons en parallèle quelques états qui se sont formés sous le ciel inclément du nord. Là, nous trouverons partout des corps de nation vigoureusement constitués, une aisance générale chez les peuples (1), de la richesse chez les grands, la puissance et la fortune publiques portées au plus haut degré de prospérité ; les gouvernemens forts sans despotisme, et dans une entière sécurité. C'est, qu'au temps où l'inquisition frappait Galilée pour avoir découvert que la terre tourne autour du soleil ; au temps où, en Espagne, elle immolait d'innombrables victimes, on perfectionnait chez ceux-ci l'invention de la boussole, de l'imprimerie et de la poudre à canon ; c'est qu'au temps où sortant à peine de la barbarie, la France rejetait de son sein les citoyens atteints par la révocation de l'édit de Nantes, la Hollande, la Prusse et l'Allemagne naturalisaient chez elle, nos arts et notre

(1) En exceptant la Russie, non encore généralement civilisée.

industrie, en donnant asile à ces illustres proscrits.

Il reste donc vrai que tout ce qui fait la puissance des états, est un résultat direct ou indirect
de la culture morale des peuples. Il reste également prouvé par l'expérience, que les gouvernemens qui ont usé de l'influence de la religion,
pour éclairer les peuples, ont fondé la prospérité
publique sur des bases solides, puisqu'à l'aide de
cette lumière, répandue avec sagesse et discrétion,
ils ont pu dès son principe, découvrir et cicatriser chaque plaie de la société. Ils ont pu conserver celle-ci pure et pleine de vie, pour les jours
du danger, au lieu que chez les peuples pour qui
cette même religion, toute en pratique extérieure
et presque nulle ou fausse dans son action morale, est devenue un moyen d'aveuglement, un
gage de la durée de leur barbarie et de leur servitude, le mal, augmentant d'intensité dans les
ténèbres, ne se montre que lorsqu'il a envahi
tout le corps social. Voilà ce que l'histoire des
temps modernes redit à chaque page.

Or, si tel a été le résultat d'une civilisation gra-
duelle ou spontanément forcée; si les états qui
n'ont pas connu ses lois; si ceux qui n'ont pas
subi les révolutions qu'elle amène, ne peuvent
nous offrir que le spectacle affligeant d'une dissolution prochaine, ou celui plus affligeant encore
d'une dégradation consommée ; nous aurons
trouvé le nœud des destinées à venir des deux

mondes; nous aurons découvert la source de toute force nationale; nous pourrons, avec la conviction de la bonne foi, apprécier la valeur de chacune des causes qui doivent déterminer le mouvement de la société.

Barbarie et civilisation, usurpation de pouvoir et tendance vers l'affranchissement, oppression, liberté, résultats relatifs des formes de gouvernement des relations politiques et commerciales; voilà les intérêts qui sont en présence. Nous n'avons qu'à compter, et nous trouverons la valeur probable de tout ce qu'on appelle puissance. Après en avoir reconnu la source, comme nous venons de le faire, il ne sera pas nécessaire de rappeler les variations que ces puissances ont subies dans le cours des siècles. Il nous suffira de considérer la position que chacune d'elles a prise dans l'ordre fondé en Europe par la dernière réaction politique.

Avant cette époque, marchant à la tête des peuples les plus puissans, un conquérant dictait des lois, ou se rendait formidable à tous les gouvernemens Européens. Porté au trône sur les ailes de la victoire, il voulut maintenir par les armes, ce que les armes lui avaient donné, ce que les armes seules semblaient pouvoir lui disputer. En un mot dans la fausse position où le plaça son nouveau pouvoir, Napoléon ne put se contenter de se voir l'égal des rois; il voulut être leur dominateur. Les peuples même se montrèrent favorables à cette prétention parce qu'ils voyaient en lui un monarque qui reconnaissait tenir d'eux ses droits et son pouvoir. Les seuls Espagnols ne se méprirent point à cet appareil de popularité; les autres peuples furent éclairés par l'exemple de ceux-ci et par leur propre expérience. En attendant, ses conquêtes remuaient l'Europe, fatiguaient ou entraînaient les esprits. Sous l'influence de ce nouveau protecteur, l'Allemagne vit disparaître le nom même de ses vieilles libertés, pour plier sous le joug d'une monarchie poussée jusqu'au despotisme en même temps que ses princes, auparavant médiateurs indépendans entre les peuples et l'autorité suprême de l'empire, souverains pour l'exécution des lois et pour la conservation des immunités nationales, mais soumis à un chef, lorsqu'il s'agissait de la défense commune; en même temps disons-nous que ses princes, se virent flétrir des stygmates du vasselage. Ils comprirent alors, mais un peu tard peut-être, que le patriotisme est la première vertu des chefs d'un état.

Cependant Napoléon ne borna pas là ses prétentions. Déjà dangereuse pour lui, quand il eut insulté au malheur d'un ennemi vaincu, l'ivresse du pouvoir lui devint fatale, quand elle le porta jusqu'à fouler aux pieds le droit des gens, les droits de ceux mêmes dont il s'était proclamé le protecteur, et l'on put prédire sa chûte dès le jour où, par un simple décret, il osa dépouiller de leur indépendance, des peuplades de l'Italie, de la Suisse, de la Hollande, de la Basse-Saxe , pour les incorporer à son empire. Quelle que fut d'ailleurs la soumission apparente de ces nouveaux sujets, cet acte arbitraire ne souleva pas moins tous les esprits, depuis le Rhin jusqu'au Boristhène. En effet, ce fut alors que l'arrêt fatal fut prononcé contre le dominateur de l'Europe, et non lorsqu'il alla en Russie. Le désastre de Moscou ne fut que le signal de l'exécution de cet arrêt. Ici, Napoléon ne perdit qu'une armée ; là il avait perdu la confiance et la vénération des peuples. Le canon russe ne fit au colosse qu'une blessure légère ; la réaction des peuples put seule le terrasser. Dès lors aussi, la guerre prit un aspect nouveau ; elle ne fut plus une querelle de monarque à monarque; mais un mouvement imposant des masses populaires contre une oppression injuste et humiliante. A la tête de leurs nombreux bataillons composés en grande partie de jeunes citoyens que le patriotisme avait conduit sous leurs drapeaux, les princes alliés ressemblaient en quelque sorte à ces patriarches que l'Ecriture nous montre combattant à la tête de leur nombreuse postérité.

Napoléon sentit tout ce qu'une pareille agression avait de terrible et d'imposant. Lui dont le génie, dont les ressources militaires étaient encore supérieurs à tout ce qu'une invasion ordinaire aurait pu lui offrir de forces à combattre, Napoléon, à la tête des soldats les plus aguerris et les

plus dévoués, céda au mouvement d'un armement populaire toujours plus impétueux et plus
soutenu, à mesure qu'il allait trouver plus de résistance; mouvement, qui, de tous ceux qu'il aurait
pu redouter, fut le seul qu'il n'eût pas prévu, tant
il est vrai, que les traîtres les plus redoutables
pour un monarque sont les flatteurs qui approu-
vent ses fautes, ou qui lui cachent la vérité. Le
sort du dominateur de la France fut décidé dès
ce moment. Faisant à celui qui règle les destinées,
le sacrifice le plus immense que pût faire un guerrier couronné, il remit le sceptre qu'il avait con-
quis sur la révolution française.

Alors la paix sembla pouvoir être rendue à l'Europe. Mais, l'homme extraordinaire qu'on venait
de réduire à poser les armes, n'avait pas été le seul
obstacle à son rétablissement. Les monarques
crurent encore reconnaître dans l'avenir deux
écueils formidables. L'un était visible en France,
dans l'opposition d'un parti ennemi de l'ancienne
dynastie, parti d'autant plus dangereux, que la
presque totalité de l'armée semblait partager ses
projets et ses espérances. L'autre se montrait plus
alarmant encore dans le mouvement des esprits
au-delà du Rhin.

On pouvait éviter le premier écueil, parce
que réellement, tout en France tendait au repos,
et que la grande majorité des Français paraissait
satisfaite des droits qui leur étaient reconnus
par la Charte. On doutait d'obtenir le même suc-

cès en Allemagne, parce que là l'effervescence était à sa première explosion, et paraissait générale ; il semblait même difficile d'en calculer la portée. D'ailleurs les Allemands avaient subi une véritable révolution dans laquelle avait disparu tout ce qui restait de leurs vieilles libertés et des concessions qu'ils avaient plus récemment obtenues ; il était juste de leur en donner l'équivalent, qu'ils demandaient avec calme, mais dans une attitude qui commandait l'attention des monarques. Ceux-ci se décidèrent, en effet, à consacrer le principe du gouvernement représentatif pour chacun des états du ci-devant Saint-Empire, de même que le principe de l'union de ces états par un lien fédéral.

Ainsi sortit de ses ruines l'édifice renouvelé de l'empire romain ; ainsi fut relié bien faiblement, à la vérité, ce faisceau de peuples épars que la politique de Charles v avait eu tant de peine à contenir ; ainsi le système représentatif redevint dominant, et brilla d'un nouvel éclat dans son antique berceau.

Mais ce fut là le seul effort que les princes alliés crurent devoir faire pour la liberté des peuples ; comme pour se dédommager de ce sacrifice, ils refusèrent leur consentement à la restauration des anciennes républiques de l'Europe, qui restèrent confisquées au profit des grandes puissances.

En même temps, les princes contractèrent

entre eux cette alliance qu'ils nommèrent sainte, et qui l'eût été en effet si elle n'avait eu d'autre but que le maintien de la paix et des droit légitimement acquis. Mais elle ne fut pas, elle ne put pas être exclusivement consacrée à cette grande fin. La politique ambitieuse des principales puissances dut y avoir un intérêt de domination ; elle l'eut en effet, et la révolution éphémère que la France subit en 1815 servit de prétexte pour le satisfaire. Bientôt cet intérêt se manifesta d'une manière fâcheuse dans des questions d'administration intérieure relatives à différens états. L'Allemagne, qui avait vu sans choc et sans trouble naturaliser chez elle les nouvelles constitutions, parce que, loin de manifester contre leur établissement une opposition antipatriotique, les hautes classes y avaient été les premières à seconder l'autorité dans cette œuvre sainte ; l'Allemagne vit quelques-uns de ses états (1) entraînés à reprendre l'ancienne forme de gouvernement avec de bien légères modifications, parce qu'ainsi le voulurent les grandes puissances. L'Espagne dut aux arrêts de la Sainte-Alliance le retour, non pas de sa paix intérieure, mais de son régime d'abus.

(1) Particulièrement la Saxe royale, Hesse-Cassel et le Mecklenbourg. Il est vrai que le premier de ces pays est gouverné paternellement ; que ses anciennes lois sont assez bonnes, et que les mœurs policées de ses habitans, y tiennent, pour ainsi dire, lieu de la liberté.

Naples et le Piémont eurent à subir des interventions armées (1).

Cependant cette première tentative d'extension des pouvoirs que s'était arrogés la ligue des souverains, fut funeste à la stabilité du système. L'Angleterre, que ses intérêts et que la nature de ses institutions éloignaient également du but qu'on s'était proposé, prouva bientôt qu'elle entendait suivre une politique différente. Dès-lors on put la considérer comme un point d'appui pour les défections à venir ; dès-lors l'édifice politique, élevé par l'empereur de Russie, perdit une de ses pierres angulaires et la principale garantie de sa durée. En effet, qu'était la Sainte-Alliance ?

Un pacte entre les souverains de l'Europe pour se garantir de toute attaque de la part de l'un d'entre eux, ou de la part des peuples. L'union la plus intime pouvait seule en assurer la durée, tandis que la moindre défection suffisait pour son anéantissement. C'était un contrat d'assurance mutuelle contre les ravages d'une maladie de l'esprit humain, appelé désir de la liberté. Mais, ô fatal aveuglement des puissans

(1) La nécessité de conserver la paix de l'Europe pouvait expliquer ces interventions armées ; mais par quelle contradiction laissa-t-on subsister presque partout les motifs qui provoquèrent les révolutions de 1820 ?

de la terre qui croient qu'il suffit de leur volonté pour réduire la raison au silence, et pour forcer les peuples à bénir leurs chaînes! Qu'a-t-il produit ce pacte d'asservissement? la fausse sécurité des uns, la méfiance, quelquefois le désespoir des autres. Mieux aurait-il valu fonder un aréopage de rois, chargé de veiller aux empiétemens de certains gouvernemens toujours disposés à fouler aux pieds les droits les plus sacrés. Quoiqu'aussi peu fondé dans son principe d'intervention, que la Sainte-Alliance l'est dans le sien, ce pouvoir extraordinaire aurait fait oublier par ses bienfaits ce qu'il y aurait eu d'illégal dans son origine. Il aurait épargné à l'Espagne sa double catastrophe, à la Grèce ses affreuses boucheries, à l'Europe ses alarmes.

Tel ne fut pas malheureusement le principe du pacte d'alliance des souverains de l'Europe. Nous avons indiqué le but de cette alliance, en rappelant ce qu'il y avait de partial dans ses actes. Il nous reste à la considérer sous le rapport de sa durée.

Le refus fait par une grande puissance de suivre, en ce qui la concerne, le système adopté par les autres, suffirait seul pour mettre en doute la stabilité de ce système. Déjà, dans son indépendance, l'Angleterre prend sous sa protection l'émancipation des peuples. Elle soustrait le Portugal à l'influence des puissances continentales; elle reconnaît les républiques de l'Amérique. Que demain ses intérêts soient en opposition directe avec ceux des autres États ; que demain elle soit forcée d'avoir recours à *la dernière raison des rois*, et la Sainte Alliance est rompue ; l'Europe est divisée en deux camps. Mais il n'en a pas tant fallu pour renverser un système fondé sur la politique variable de quelques individus, princes ou ministres. La mort en a fait son affaire. Elle a moissonné celui qui en avait été le plus fort soutien ; et déjà l'alliance n'existe plus que de nom. L'Europe rentre dans ses premières relations d'indépendance des États respectifs ; ce sont désormais les intérêts particuliers et la puissance de chacun de ses Etats qu'il faudra considérer, qu'il faudra opposer aux événemens, ou à l'action déjà commencée d'un mouvement politique.

Ce mouvement subsiste. Comprimé en Espagne, il menace d'y reprendre de nouvelles forces au premier choc des partis. Comme nous l'avons dit, l'Italie souffre du même mal moral ; ce n'est pas elle toutefois qui est à craindre, qui pourra compromettre la paix ; mais, par delà les mers qui baignent ses rivages, est un peuple, dont le caractère antique a survécu à l'action d'une longue servitude. La Grèce est sortie rajeunie de ses ruines ; elle montre à l'univers étonné des enfans dignes de succéder aux vainqueurs de Salamine et de Marathon. Ce sont eux qui ont donné, qui donneront davantage encore l'impulsion au mouvement que nous venons de signaler, mouvement qui doit tôt ou tard entraîner les masses armées de l'Europe dans de nouvelles guerres. En effet, partons des rivages du Péloponèse, parcourons l'Orient ; partout nous trouverons un enchaînement de dispositions morales et de nécessités qui forment le nœud des grands événemens que chacun pressent, et dont cependant peu de personnes osent envisager toute la portée.

Toutefois, nous ne répéterons point ici ce que d'illustres auteurs ont déjà dit avec tant d'éloquence et de vérité sur la régénération de la Grèce ; nous réduirons tout à sa plus simple expression, sans nous arrêter à des détails ou à des souvenirs historiques qui nous feraient sortir de notre sujet. Il nous suffira de considérer ce grand événement dans son ensemble et dans ses conséquences probables.

Abordons les faits sous ce point de vue seulement. Il y a près de six ans que les provinces de Turquie, les plus voisines de l'Europe, furent le théâtre d'insurrections partièlles, qui, bientôt comprimées dans le Nord, devinrent générales dans le Midi, dans la Péninsule et dans les îles qui forment l'ancienne Grèce. Outragés dans leur dignité comme dans leurs droits les plus sacrés, ravalés par leurs stupides oppresseurs au-dessous de la condition humaine, les insurgés ne daignèrent même pas exposer à leur tyran les griefs qui les avaient fait courir aux armes; mais ils dirent à l'Europe et surtout à la France qu'ils regardaient comme particulièrement interressée à protéger leur émancipation (1) :

« Nous sommes les descendans de ces Grecs qui portèrent le flambeau des arts et des sciences dans toutes les parties de l'Europe ; nous sommes les descendans de ces hommes qui remplirent les siècles anciens et les siècles du moyen âge du bruit de leurs hauts-faits, de la gloire de leur nom ; nous sommes les descendans de ces hommes qui pendant si long-temps défendirent l'Europe de l'in-

(1) De toutes les puissances de l'Europe la France était celle qui pouvait le plus facilement protéger ou favoriser l'émancipation des Grecs, parce que son influence en Orient peut croître sans donner de l'ombrage à aucun cabinet. C'était pour son gouvernement un moyen puissant d'acquérir de l'importance et de la popularité. Il a mieux aimé se faire l'allié-facteur du vice-roi d'Egypte. M. le président du conseil en a fait l'aveu formel. Quel intérêt si grand peut avoir produit cette alliance contre nature? S'agit-il de contrebalancer le crédit de l'Angleterre dans les pays du Levant ; ou d'assurer à notre commerce une heureuse préférence? Eh non! Tout ce qu'on a fait, on l'a fait de l'aveu des cabinets de St.-James et de Vienne. On en peut conclure que la France est destinée à jouer un rôle peu digne d'elle. En suivant dans l'administration intérieure un système plus conforme à nos lois et à nos mœurs, le gouvernement pourrait se dispenser de cette déférence pour les volontés du cabinet de Vienne. Gêné au contraire par son opposition volontaire aux vœux de la nation, il ne peut que subir le joug pernicieux de l'influence étrangère ; un soupçon l'inquiète et un mot, un seul nom suffisent pour lui faire accueillir les plus étranges insinuations.

vasion des barbares Ottomans. Notre dernier Em .
pereur périt sur la brèche de sa capitale, ses guerriers périrent avec lui. Le jour de notre chûte fut
encore un jour d'héroïsme ; aucun avilissement
librement accepté, aucune capitulation n'en ter-
nit la lugubre gloire.

Les chaînes que nous avons traînées pendant
plus de trois siècles, les outrages que nous avons
reçus ont été imposés par la force à des survivans
sans défense, à des femmes, à des enfans.

Descendans de ces illustres victimes nous avons
vu les drapeaux d'un grand peuple de l'Occident,
d'un peuple qui avait su conquérir sa liberté, paraître sur nos confins ; nous avons reçu l'impression de ses exemples ; notre courage s'est re-
trempé à la vue de ses lauriers ; nous nous sommes
entendus ; nous avons brisé nos fers. Déjà nos oppresseurs ne sont plus que nos ennemis ; la lutte
est engagée. Le vrai Dieu, le Dieu de l'Évangile
dont nous n'avons cessé d'être les enfans et les
adorateurs, est notre guide et notre Roi. Le signe
de la rédemption est empreint sur nos drapeaux ;
c'est sous ce signe sacré que nous comptons être
forts et victorieux. Rois, peuples de l'Europe ! ve-
nez nous secourir, si vous le pouvez ; mais si vous êtes
forcés de nous refuser vos bras et vos trésors,
soyez neutres du moins entre nous qui défendons
des droits imprescriptibles, et nos tyrans qui sont
aussi vos ennemis ! »

Ainsi s'exprima ce peuple de héros. Ses paroles

retentirent au loin ; l'Europe, les Amériques même en furent émues. Leurs peuples répondirent avec enthousiasme à l'appel des Hellènes. Le denier de la veuve et l'offrande du riche vinrent grossir le modeste trésor de la république naissante. De vaillans citoyens de la France, de l'Allemagne, de l'Angleterre, lui offrirent leur sang et leurs services. Mais les Gouvernemens semblèrent rester sourds à la voix de la religion, de la justice, de l'humanité. Loin de se déclarer les protecteurs de cette cause sainte, ils l'accablèrent de leur indifférence. Quelques-uns même favorisèrent ouvertement ses ennemis.

Tant de partialité valurent aux cabinets qui s'en étaient rendu coupables l'anathème des hommes généreux. Toutefois l'on n'a pas assez réfléchi peut-être que la position de la plupart des gouvernemens est plus qu'embarrassante ; que le premier coup de canon tiré en faveur des Hellènes par certaines puissances peut devenir le signal d'une guerre générale. La suite de cet écrit en fournira la preuve. En attendant, revenons à notre sujet.

Les Grecs ont continué d'accomplir le serment qu'ils avaient fait en face de la chrétienté, de vaincre ou de mourir pour la défense de leurs autels et de leur liberté. Témoins de leur constance et de leurs sanglans sacrifices, les peuples ont porté sur eux toute l'admiration et toute l'affection qu'aurait pu partager le prince chrétien qui aurait volé à leur secours ; en même temps, ainsi que nous venons de le dire, cet injuste abandon de la part des gouvernemens, a provoqué partout une désapprobation qui s'est changée en un sentiment plus pénible encore, lorsqu'on a vu ces mêmes gouvernemens s'empresser d'intervenir dans les affaires de quelques autres États. C'est en Russie surtout, que cet intérêt pour la cause des Hellènes s'est manifesté avec le plus d'énergie, quoiqu'il y fût improuvé par le Gouvernement. Nul doute que, particulièrement attachés aux Hellènes par le lien sympathique de la religion, par l'effet d'anciens préjugés, et par la haine commune et héréditaire contre leurs oppresseurs, les habitans de ce vaste empire n'aient porté qu'avec peine le joug d'indifférence que la politique de leur souverain leur avait imposé dans cette circonstance. Dès le berceau, le Russe est nourri de la pensée que ses armes doivent un jour reconquérir l'empire d'Orient; Byzance est à ses yeux la terre promise, la véritable métropole de sa religion; la laisser sous la domination des infidèles lui paraît une honte, et le souverain qui pouvant la conquérir, refusa de saisir pour cela l'heureux prétexte de l'oppression de ses coréligionnaires, ne put que se dépopulariser. En effet, il fallut tout l'ascendant que l'empereur Alexandre avait acquis sur ses peuples, pour qu'il pût garder la paix de l'Orient, sans courir le risque d'une explosion fâcheuse de l'opinion publique. Déjà les faits en ont donné la preuve. La Providence qui se joue des combinaisons de la sagesse humaine, vient d'étendre visiblement sa main sur l'empire des Czars. A la fleur de ses années, Alexandre cesse de vivre ; et au jour même où son successeur saisit le sceptre et la couronne, le sang coule dans sa capitale ; au jour même où le nom de ce sucesseur est proclamé devant le front de banière des phalanges russes, les soldats qui les composent, soutiens uniques du pouvoir des autocrates, couvrent un acte de rebellion, de tous les prétextes spécieux que peut fournir un protocole de succession. La religion, les lois de l'empire ont prononcé en faveur du second frère d'Alexandre ; et, pour la première fois, les peuples semblent à regret se soumettre à de tels arrêts ; pour la première fois, depuis le règne de *Pierre-le-Grand*, les soldats russes (nous voulons dire les simples soldats), brisent le lien de l'obéissance passive, pour reconnaître, pour défendre d'autres droits que ceux qui reposent sur les lois fondamentales de l'empire.

On a dit, pour expliquer ce phénomène, que pendant leur séjour en Allemagne et en France, des Russes avaient reçu des impressions de carbonarisme ; qu'ils s'étaient affiliés à cette secte ennemie des institutions monarchiques ; que les mouvemens qui ont signalé l'avénement du nouvel empereur, n'étaient que l'effet d'une trame ourdie par eux. Rêve que tout cela. Il n'est pas nécessaire de recourir à une source mystérieuse pour expliquer des opinions qui partout naissent

et se fortifient ostensiblement. A des Russes comme
à d'autres, il a dû suffire de comparer leur existence encore servile à une existence libre et heureuse, pour préférer, pour désirer cette dernière!
Cinq ou six cent mille Russes ont pu faire cette
comparaison; ils ont rapporté chez eux et sur tous
les points de l'empire, l'impression qu'elle avait
laissée dans leur esprit. Depuis dix ans cette pensée
a pu se développer et se communiquer. Elle est
comme une semence jetée sur une terre neuve
mais couverte de ronces. Beaucoup de grains seront perdus ; mais d'autres élèveront avec le temps
et porteront leur fruit. Cela est inévitable. Au
reste, veut-on connaître la véritable cause de cette
effervescence qui se manifeste dans les deux hé-
misphères ? Qu'on regarde en arrière; on la trouvera dans l'exemple que nous avons donné nous-
même.

Un orateur célèbre a dit chez nous, au commencement de nos troubles civils : « Les· grands
» ne sont grands que parce que nous sommes à
» genoux. Levons-nous! » Ces paroles magiques
ont retenti dans les deux mondes. Les peuples se
sont levés ou veulent se lever partout ; les grands
veulent qu'ils restent prosternés ; qu'en résulte t-
il? Une lutte qui est nécessité pour les uns, folie
de la part des autres. En vain les derniers cher-
cheraient à faire endormir de nouveau le colosse
qu'on nomme le peuple ; il est éveillé ; il marchera ;
il agira ; il foulera tout ce qui voudra s'opposer à

son passage, parce que son premier besoin sera de se mouvoir dans cette sphère où il vient de s'é-lever et qu'il ne connaît encore qu'imparfaite-ment. Il ne deviendra traitable que lorsque le flambeau de la raison l'aura éclairé de toutes ses lumières.

C'est donc à ceux qui conduisent les peuples dans les voies de l'ordre social à leur ménager les lumières de la vérité et les douceurs des institutions équitables, dans la proportion qui peut leur convenir. Cette maxime est vraie en Russie comme ailleurs, et certes ce n'est pas à la dynastie qui règne sur ce vaste Empire, qu'on pourrait reprocher de l'avoir jamais méconnue.

Aucune maison souveraine n'a travaillé avec plus d'ardeur, avec plus de soin, à la civilisation de ses peuples. Mais aucune aussi n'a eu à lutter contre de plus grands obstacles. Le plus grand de ces obstacles est celui que les derniers événemens viennent de signaler; c'est l'inégalité des progrès de la culture morale dans les deux premières classes de la population. L'effet de cette inégalité a été une explosion prématurée et partielle d'opinions et de volontés qui, en Russie, sont *opposées aux intérêts actuels de la société*, ce qui rend la position du gouvernement extrêmement difficile. C'est qu'à l'égard des libertés politiques, tout ce qui est vrai, tout ce qui est utile, tout ce qui est nécessaire chez nous et dans quelques autres États de l'Europe, est loin encore d'être gé-

néralement vrai, généralement utile et généralement nécessaire en Russie. Une rapide esquisse
de l'ordre social tel qu'il existe aujourd'hui dans
l'empire des Czars, rendra cette vérité plus sensible.

Figurons-nous les peuples habitans les vastes
États situés entre la mer Glaciale, la Chine, la
Perse et l'Europe; figurons-nous ces peuples divers, ayant des idiomes différens, ne se ressemblant ni dans leur religion, ni dans leurs mœurs;
ne se ressemblant pas davantage par leurs souvenirs historiques, et par leur police sociale, mais
recevant tous la loi du même souverain, qui est
l'autocrate de toutes les Russies; s'accordant tous
dans l'habitude et dans la nécessité de la soumission à ses volontés. Figurons-nous ces différentes
nations, ces tribus, dont quelques-unes sont encore nomades et dans un état complet de barbarie, séparées les unes des autres par des déserts,
par d'immenses forêts, ou par d'autres obstacles
naturels; se connaissant à peine par quelques relations de commerce, ou par des rassemblemens
armés. Séparons maintenant du reste des Russes
ces peuplades éparses à de grandes distances, ces
peuplades que personne, sans doute, ne croira
susceptibles de recevoir immédiatement l'impression des opinions modernes, qui leur donneraient
des institutions si opposées à leurs mœurs et à
leurs lois presque patriarcales. En un mot, ré-
duisons la puissance russe au noyau de ses forces,

à la partie presque civilisée, qui comprend la vieille Moscovie, la Lithuanie, la Pologne et les provinces allemandes.

Ces dernières exceptées, qu'y trouverons-nous? Dans les campagnes un peuple serf, misérable, abruti et superstitieux. Il serait possible que dans son sein, on trouvât quelques *Ennus* modernes, quelques complices de révolte; mais ils feraient exception. Le plus grand nombre n'agira que sur l'instigation des popes (1), qui ne sont guères disposés à favoriser un changement de système. Un soulèvement devient donc très-difficile dans cette classe qui est la plus nombreuse en Russie. En supposant même que le succès pût couronner une pareille tentative, il resterait toujours vrai, qu'on ne se serait pas adressé à un peuple susceptible d'une noble émotion pour la recouvrance de ses droits, mais à une meute de tigres, jamais lasse de carnage et d'incendie. Nous verrons tout à l'heure dans quelle classe il faudrait chercher les apôtres d'une pareille liberté.

Nous avons considéré dans son existence sociale, la dernière de ces classes, la classe des serfs. Nous passons à la seconde, qui est celle des hommes libres. Ils habitent les villes; ils sont adonnés au commerce et à l'industrie, mais ils ne jouissent pas de la plénitude des droits civils et politiques. Néanmoins ils sont assez bien traités; ils exploi-

____

(1) Dernière classe du clergé grec.

tent par privilége un commerce étendu ; ils ont la faculté de s'élever ; quelques - uns envahissent par préférence toute les dignités moyennes de l'église. Cette classe est en grande partie composée d'étrangers qui ont tout à perdre dans une révolution. Le moindre mouvement mettrait leur vie en danger. Il n'y a parmi ces hommes libres, que les Russes véritables, qui puissent agir ; mais l'in-l'intérêt de leur fortune s'y oppose, parce que cette fortune dépend en partie de l'ordre politique actuel : ce n'est donc pas parmi ces hommes qu'il faudrait pour le moment chercher des complices de révolte. Reste l'armée, la noblesse et le clergé. C'est dans l'armée en effet que les opinions nouvelles ont trouvé le plus de faveur. Considérons donc la constitution de cette armée. Presque tous pris dans la classe des serfs, les soldats russes trouvent un avancement de condition lorsqu'ils sont appelés sous les drapeaux. La profession des armes, les élève à la condition des hommes libres. Ils servent tant qu'ils sont valides, ou pour mieux dire toute leur vie. Il est rare qu'ils arrivent au grade d'officier ; mais ils y parviennent s'ils se distinguent par leur conduite et par leur capacité. On conçoit que chez ces hommes recrutés dans la classe la plus abjecte et la plus ignorante, l'ambition ne peut être que très-bornée. C'est dans l'état actuel des choses, un embarras de moins pour le gouvernement. Toutefois de grands changemens se sont opérés dans l'esprit de l'armée depuis son séjour en pays étrangers. Mais ces changemens ne sont pas exclusivement l'effet d'opinions libérales. Ces opinions ne germent guère que dans la tête de quelques officiers et des sous-officiers. Quant au simple soldat russe, son patriotisme et sa valeur prennent leur source dans sa religion, et non encore dans un amour raisonné de la liberté. L'obéissance la plus passive, une indifférence stoïque pour les dangers et pour les privations, voilà ses vertus. Dans cet état moral on peut donc distinguer, à l'égard de l'effervescence qui se manifeste dans l'armée russe, deux caractères assez opposés dans leur origine, mais presque semblables dans leurs effets ; le premier tient aux opinions libérales de quelques officiers et de la presque totalité des sous-officiers de l'armée ; le second ressort plus particulièrement chez les autres officiers et chez les simples soldats, de l'ennui d'une longue paix et du désir de porter leurs armes à Constantinople. Le premier parti est le mobile caché qui fait agir le second, et qui s'en sert comme d'un instrument. Son but ostensible est la conquête de Constantinople et la préférence qu'il veut donner, pour l'élévation au trône, à l'aîné des frères d'Alexandre; son but caché est un bouleversement politique. Jusqu'à quel point le succès d'une telle tentative est-il probable? C'est ce que la suite de notre exposé de l'organisation politique et administrative de la Russie pourra nous indiquer.

Nous avons dit qu'une partie seulement des officiers de l'armée se montre attachée aux principes modernes, tandis que l'autre tient à des intérêts opposés. Cela est exactement vrai, et cela seul suffirait pour mettre en doute le succès imminent de toute tentative de bouleversement. Les officiers russes appartiennent tous à la classe nobiliaire, lors même qu'ils n'y seraient pas nés, en même temps que le fils d'un noble n'est point admis à se prévaloir des prérogatives les plus essentielles de sa caste, s'il n'acquiert le grade d'officier que le gouvernement peut accorder ou refuser.

Ainsi, la seule classe qui jouisse de la plénitude des droits politiques et des grands avantages dont les classes inférieures font les frais, se trouve à la tête des troupes, et doit son existence à un état qui la rend entièrement dépendante du Gouvernement, mais qui ouvre aussi la plus vaste carrière à son ambition. De l'armée, on passe dans les administrations civiles, ou, si quelqu'un y parvient par une autre voie, sa charge est assimilée à un grade militaire; elle lui impose la même dépendance; elle lui donne des prérogatives semblables. En un mot. le grade militaire est la condition rigoureuse de toute importance sociale. Pour pouvoir posséder des serfs, pour pouvoir voter aux assemblées provinciales, il faut être officier. D'un seul coup-d'œil on embrasse ici l'échafaudage unique et régulier de l'organisation politique de la Russie, organisation militairement despotique et dangereuse pour cela seul, que son action ne trouve nulle part de contre-poids réel. Aussi, le danger qui menace actuellement l'ordre social en Russie, est tout dans cette absence d'un pouvoir modérateur, ou, si l'on veut, il est tout dans cette disposition de la loi, qui transmet aux officiers de l'armée, l'exercice presque exclusif des droit politiques, et qui fait dépendre de leur accord le salut du trône et de la chose publique. Cet accord paraît rompu de la manière la plus fâcheuse ; mais comme les prétentions des novateurs sont en opposition directe avec les intérêts que nous venons de faire connaître, il est extrêmement probable que leur première tentative n'aura point d'effet. Toutefois, il restera dans l'armée, et même dans les autres classes de la nation, ce germe des idées modernes dont la surveillance la plus inquisitoriale ne saurait empêcher ni la propagation, ni le développement. Il restera, en outre, un désir général d'une invasion en Turquie, et cette indignation que produisent sur les Russes de toutes les conditions, l'oppression de leurs coréligionnaires, et le cruel abandon dans lequel on les a laissés jusqu'à ce jour. Ces dispositions morales semblent placer le Gouvernement sous la loi d'une double nécessité. La première serait de satisfaire aux exigeances des novateurs non encore coupables de rebellion, ou plutôt au

besoin de sa propre conservation, en promettant
et en faisant les concessions successives qui pourraient lui paraître utiles et compatibles avec sa
dignité; la seconde plus impérieuse encore, serait
d'assurer la paix dans l'intérieur, en occupant
au-dehors une armée ennuyée d'un long repos.
Ce serait le seul moyen par lequel le nouvel
Empereur pourrait parvenir à populariser son
règne. Sans doute, ce prince ne se dissimule pas
sa position. Il n'ignore pas que si les peuples et
l'armée semblent lui préférer son frère Constantin, c'est à cause de l'intérêt qui se rattache aux
opinions personnelles de ce dernier. On sait que
l'Empereur actuel est soupçonné de tenir au système d'Alexandre, de vouloir maintenir la Sainte-
Alliance, de vouloir continuer à mettre en œuvre
les moyens de civilisation que son frère avait
employés. Moscovite au contraire dans la force
du terme, et idole de l'armée, Constantin est
décidé à porter les armes Russes jusqu'aux
rivages du Bosphore. Il bravera l'opposition de
la Sainte-Alliance; il ne s'amusera pas à capituler
avec le stupide orgueil des Osmanlis. Ses conquêtes agrandiront immensément la sphère de
commerce Russe; et les richesses qu'il procurera
seront un moyen bien plus efficace de civilisation,
que le système employé par Alexandre. Ainsi
raisonnent les Russes instruits; ainsi semble aussi
raisonner le peuple.

Dans un tel état de choses, pourrait-on supposer que le nouvel empereur pût balancer sur le seul parti qui lui reste à prendre? Dans une monarchie mixte, le prince peut braver pendant quelque temps l'opinion publique, parce que la liberté qu'on a de la manifester, l'assurance d'obtenir tôt ou tard par les voies légales la justice ou la mesure politique qu'on réclame, sont autant de moyens de fortifier la patience des sujets, mais il n'en est pas ainsi sous un gouvernement absolu comme celui de Russie. Là, l'opinion n'a d'organe officiel, ni dans la liberté de la presse, ni dans les respectueuses remontrances, ni dans les doléances d'une représentation nationale. Elle souffre sans se plaindre. Les mécontentemens qu'elle peut exprimer ailleurs, elle les voit naître et grandir dans le silence, jusqu'à ce que devenue souveraine d'un jour, elle dispose de la couronne pour obtenir satisfaction, et pour rentrer ensuite dans son premier état de servitude. C'est aux autocrates qu'on peut appliquer plus particulièrement ces vers de Juvénal :

Ad generum cineres, sine cæde et vulnere, pauci
Descendunt reges, et siccâ morte tyranni.

Aussi les souverains de Russie ont-ils, presque toujours, suivi le principe d'un respect religieux pour les habitudes, pour les désirs, et même pour les préjugés de leurs sujets. Les conduire par la lisière tout en leur laissant croire qu'ils marchent seuls, leur tenir les yeux bandés, tout en leur persuadant qu'ils y voient plus clair qu'on ne voit ailleurs, a été leur politique depuis un siècle; mais dès qu'ils ont eu le bonheur de remarquer qu'un désir était à peu près général, et qu'il était l'expression d'un besoin réel, ils ont toujours pris l'initiative pour y satisfaire. Ainsi, pour réformer l'abus, ils ont attendu qu'il fût devenu fatal à ceux même qui le défendaient; pour entraîner la nation dans quelque grande guerre, ils ont toujours su diriger d'avance l'opinion vers ce but de leur politique. Et qui, dans la circonstance actuelle, oserait répondre que ce n'a point été Alexandre lui-même qui ait exalté les esprits en faveur d'une guerre contre les Ottomans? Du moins, s'il avait l'intention de la faire, il ne pouvait trouver un moyen plus simple et plus efficace pour justifier, aux yeux des cabinets de l'Europe, une mesure par laquelle il aurait brusquement séparé ses intérêts des leurs.

Quoi qu'il en soit, le résultat est le même aujourd'hui; vouloir en éluder les conséquences ce serait folie, et personne, sans doute, ne croira le gouvernement Russe assez dévoué aux intérêts de la Sainte-Alliance, aux intérêts de plusieurs puissances qu'il n'a jamais regardées que comme des rivales, assez bon enfin, pour lui prêter à lui l'intention d'exposer pour elles sa sécurité, d'exposer pour elles l'existence, la gloire et la prospérité de ses peuples. Il n'en fera rien ; il voudrait le faire qu'il n'en aurait pas la faculté. Dans le cours ordinaire des choses, les Gouvernemens imposent la loi à leurs sujets ; mais il est des circonstances ou ils la reçoivent, sans qu'il leur soit possible de s'y soustraire. Une de ces circonstances est arrivée pour la Russie ; et certes, ce n'est pas un phénomène des moins étonnans, que cette réunion de passions, d'intérêts et de préjugés, qui pousse les peuples représentans de la vieille barbarie, vers les voies de la civilisation, qui les entraîne vers le point où leurs armes seront le plus formidables, où leur choc sera décisif contre plusieurs grandes puissances, quoique ce choc soit reçu dans un plus grand éloignement. On peut dire que, dans cette lutte imminente, les peuples de Russie, seront les seuls qui se présenteront au combat, poussés par le double motif d'un but moral, et d'un puissant intérêt matériel ; que déjà ce mobile les a conduits sur la pente la plus rapide qui puisse aboutir aux voies de la civilisation. La conquête de Constantinople sera le terme de ce grand mouvement. Cette conquête sera tentée, le temps en est venu. Dans l'état actuel de la Russie, la force des choses domine et subjugue toute opposition contre ce grand et ancien projet de la politique des Czars.

La guerre aura donc lieu. Nous verrons plus tard quels sont les moyens que la Russie pourra opposer à ses adversaires mahométans ou chrétiens. Recherchons en ce moment, quels seront les intérêts qu'un pareil événement pourra froisser en Europe ; tâchons d'énumérer les forces qu'il doit mettre en présence. En comparant avec attention la partie morale et la partie physique de ces forces, nous parviendrons peut-être à indiquer avec probabilité, la marche et le résultat de la lutte.

Nous avons déjà dit, et nous rappelons que les grandes nations de l'Europe, la France, l'Allemagne, l'Angleterre, témoignent un vif intérêt pour une cause qui se rattache aux motifs de la guerre ; nous voulons dire pour la cause des Grecs. Ce fait ne serait pas rassurant pour les souverains qui voudraient épouser la cause contraire, si d'autres intérêts, ceux précisément qui doivent les faire courir aux armes, des intérêts absolument matériels, mais dont le maintien est d'une impérieuse nécessité, ne venaient chez quelques-unes de ces nations, mitiger l'ardeur qui les transporte en faveur du peuple grec. Cet intérêt matériel est puissant en effet ; il se lie étroitement à tous les avantages qu'une bonne organisation sociale procure à quelques-uns de ces peuples. Il est la condition de leur bien-être et de leur 1 berté. Il embrasse à la fois le commerce et l'indépendance des peuples de l'Occident, qui se trouveront sérieusement menacés par la position nouvelle où la puissance Russe est entraînée. Il est naturel que leurs gouvernemens cherchent à défendre cette position, et c'est dans la nécessité où ils sont de s'opposer à tout mouvement qui pourrait la menacer, que nous trouvons et le nœud des grands événemens que l'avenir semble nous préparer, et le motif de la conduite partiale et impopulaire que la plupart des Gouvernemens ont tenue envers les Grecs.

Examinons :

Dans tous les pays, la culture des facultés intellectuelles de l'homme a fait sentir plus vivement la nécessité des communications des secours mutuels, des échanges. Le commerce, l'augmentation des douceurs de la vie, le luxe même sont nés de ces premiers essais ; ils sont devenus des conditions plus ou moins essentielles de l'existence des peuples civilisés.

Déjà connu des anciens, presque oublié après l'invasion des barbares, le commerce fit, avec les richesses de l'Inde, passer le sceptre de la civilisation aux mains d'une république marchande établie au fond du golfe Adriatique. Venise lui dut les développemens de sa puissance et douze siècles de splendeur. Gênes et Florence cherchèrent un instant à rivaliser avec cette mère des républiques du moyen âge ; mais Venise n'en conserva pas moins sa suprématie commerciale, jusqu'à l'époque où le Portugais *D. Vasco da Gama* découvrit le chemin des Indes, en faisant le tour de l'Afrique. Comme nous venons de le dire, c'était l'Inde qui fournissait à Venise les richesses, que

celle-ci exploitait en monopole. La découverte
d'une nouvelle route fut, pour cette république,
le principe d'une concurrence fâcheuse; mais elle
ne fit pas tarir tout-à-coup la source de son commerce, il falla't pour cela du temps et d'autres
concurrences. Celles-ci ne tardèrent pas à s'établir.
Les Espagnols firent la découverte de l'Amérique;
les Anglais, les Hollandais, se précipitèrent sur
les pas des deux peuples de la Péninsule; nouvelles concurrences, nouvelles découvertes, guerre
de forbans chrétiens pour se disputer partout un
établissement de côte, une baie, une relation commerciale. La France elle-même entra dans cette
lutte, vers la fin du 16ᵉ siècle; mais, comme le
Portugal, comme l'Espagne, la France était encore dans l'enfance des combinaisons commerciales et administratives. En Espagne, comme en
Portugal, mais particulièrement dans le premier
des deux pays, un gouvernement qui appelait les
ténèbres pour couvrir sa faiblesse et son despotisme, repoussait toute industrie qui aurait com-
mandé la nécessité de répandre l'instruction dans
les classes moyennes. Aussi le commerce n'enri-
chit-il point ces deux états, quoiqu'ils en eussent
trouvé les veines les plus fécondes. En France, la
continuité des troubles civils et religieux produisirent le même effet négatif, tandis que dès le
règne d'Élisabeth, l'Angleterre, et sous le gouvernement de ses Stadthouders, la Hollande, firent marcher de pair l'industrie indigène et le

commerce maritime. Vainement *Louis XIV*, qu'il faudra toujours nommer quand il s'agira de remonter, chez nous, au premier développement de la grandeur nationale; vainement ce monarque voulut-il que ses sujets pussent également puiser à cette source de richesse. Ses guerres continuelles furent un obstacle au succès complet de ses spéculations.

A peine formée, la marine française ne pouvait suffire pour couvrir notre commerce des déprédations de la Hollande et de l'Angleterre. Ces deux États poursuivaient, presque sans obstacle, l'immense exploitation commerciale de l'Inde; ils y colonisaient un nouvel Empire, en même temps qu'ils augmentaient leur puissance et leur prospérité du tribut de ces contrées lointaines. En France, à la vérité, *Louis XVI* fit revivre pour un instant le commerce et la marine. Mais, bientôt obligé de lutter contre les cabales des grands, contre le mécontentement exalté des peuples, et contre une corruption presque générale, cet infortuné monarque vit naître et grossir l'orage qui devait renverser son trône. L'attentat dont il fut victime devint pour la France le signal de tous les fléaux, de toutes les horreurs. Chargé de feu, l'horizon de cette France devint la terreur des peuples voisins.

A la vue de malheurs semblables à ceux qu'elle avait elle-même éprouvés, l'Angleterre seule resta témoin impassible mais non pas inactif. Habile à saisir chaque événement qui pouvait lui fournir les moyens de s'agrandir ou d'écraser une dangereuse rivale, elle sut soulever contre nous les forces du continent, dans l'intention de les épuiser, ainsi que celles que nous devions leur opposer; elle favorisa la révolte de nos colonies; elle effectua la destruction de nos ports, la désertion et l'anéantissement de notre marine. Autre rivale de l'Angleterre, la puissance batave périt aussi dans cette lutte, et cette Angleterre qui, à l'aide d'une prépondérance déjà acquise, avait pu engager le combat, put dès-lors dire d'elle-même relativement à d'autres états, ce que *Tite-Live* dit de la rivale d'Albe :

Crescit intereà Romæ, Albis ruinæ.

C'est ainsi que la révolution survenue dans un grand empire, et la chûte d'un autre état maritime qui en avait été la suite, fournirent à la politique anglaise ses derniers élémens de force et de prospérité, en lui donnant, avec le sceptre des mers, le monopole du commerce.

Des publicistes qui veulent persuader à tout prix de la justesse de leurs spéculations erronnées, ont prétendu démontrer que l'Angleterre s'est ruinée en fondant la grandeur où elle est aujourd'hui. Ces publicistes auraient pu se détromper en établissant une simple balance des frais qu'elle a faits pour soutenir la guerre, et des sommes qui, par

l'effet de l'extension de son commerce, sont ve-
nues accroître le capital réel de ses citoyens.
Pour soutenir la guerre pendant plus de vingt
ans, pour remuer toute l'Europe, et pour donner
de forts subsides à plusieurs grandes puissances,
l'Angleterre a emprunté dix milliards et demi;
mais son système politique et commercial a
fait augmenter la richesse des particuliers de
près de seize milliards. Ce sont d'ailleurs ses
propres sujets qui ont fait à l'Angleterre les
avances que la guerre a nécessitées. Qu'un autre
État produise de semblables résultats avec un
sys ème différent, avec des risques moins grands :
qu'il nous montre à la suite d'aussi grandes opérations, un crédit inaltérable comme celui de
l'Angleterre, et nous admettrons la préférence de
système ainsi motivée; jusque là, nous croyons
pouvoir conclure que cimentée par la liberté
civile et politique, par le commerce et par le
mouvement salutaire qu'il imprime à la société,
la puissance anglaise est, relativement à ses ressources, la plus prépondérante de l'Europe, et
qu'elle doit cette heureuse position à la conduite
sage, ferme et vigilante de sa dynastie actuelle;
conduite digne de servir de modèle à tout prince
appelé à régner sur des peuples libres Nous ne
nions pas toutefois que l'Angleterre ne puisse
décliner un jour; que peut-être même, elle ne
soit dès à présent menacée de cette décadence.
Rome et Carthage ont bien péri; Venise et les

villes libres que l'Italie avait vu naître au moyen
âge, se sont fondues, de nos jours, dans d'autres
États; l'Espagne, jadis la première puissance de
l'Europe, languit dans un marasme politique, et
mourrait inaperçue si ses douloureuses convul-
sions n'appelaient de temps à autre l'attention
des peuples, si elles ne laissaient entrevoir encore
la possibilité d'une régénération.

Mais la position de l'Angleterre ne saurait être
comparée à celle de ces États. Son avenir dépend
de causes dont son gouvernement semble avoir
prévu l'action et l'effet. Pour frapper l'Angleterre
d'une manière sensible, il faudrait l'attaquer dans
la source de ses richesses, ce qui peut arriver par
deux moyens, soit par la séparation et par l'é-
mancipation de ses vastes colonies; soit par la
concurrence d'une puissance de l'Orient qui saurait attirer dans son pays les richesses de l'Inde,
en ouvrant au commerce une voie plus courte et
plus sûre que celle qui lui est ouverte en ce
moment. L'Angleterre a prévu la possibilité des
deux événemens. Depuis l'émancipation des Etats-
unis d'Amérique, elle semble compter moins sur
ses vastes domaines d'outre-mer, que sur les positions qu'elle se ménage dans toutes les parties
du monde, pour assurer à sa marine des relâches
et des stations qui puissent la mettre à même de
conserver le monopole du commerce. C'est parce
qu'elle ne compte guère sur la stabilité de son
système colonial; c'est d'ailleurs, parce que ses

domaines sont suffisament pourvus d'esclaves, qu'elle met en avant le principe philanthropique de l'abolition de la traite; qu'elle en fait une condition de toutes ses transactions de commerce et de diplomatie. Remarquons le type de ces principes dans toutes ses démarches, dans toutes les opérations qu'elle a faites depuis le commencement de la révolution française. Elle pouvait calmer les troubles de Saint-Domingue, et s'emparer de cette riche possession; elle pouvait intervenir utilement pour elle-même dans les querelles engagées entre l'Espagne et ses vastes colonies d'Amérique. Elle s'est bien gardée cependant d'user de cette faculté qui s'offrait si naturellement à son ambition; mais elle s'est emparée de toutes les positions qui devaient lui faciliter le moyen de dominer l'action du commerce. En Amérique Tabago, Sainte-Lucie et surtout la Trinité sont devenues pour elle le trône de Jupiter tonnant, l'autel où seront déposés les présens et les hommages du commerce des deux mondes, le chaînon de ses communications de l'Atlantique à la mer du Sud, de la baie d'*Hudson* au détroit de *Magellan*. Dans la mer des Indes, il lui manquait un point d'appui semblable. Elle l'a trouvé à l'île *Maurice* (1) au *cap Vert* (2), et c'est la France et la Hollande qui en ont fait les frais. Il

(1) L'Ile de France.
(2) Cap de Bonne-Espérance.

restait à cette France un établissement riche et puissant à *Pondichéry ;* l'Angleterre en a exigé le sacrifice, et *Pondichéry* a été mis au rang des comptoirs désarmés.

Voilà ce que l'Angleterre a fait de notre temps pour assurer la stabilité de son système commercial ; long-temps avant, elle avait posé la base solide de la prospérité qu'il lui donne, en favorisant l'industrie regnicole, en la portant à un degré de perfection tel, que les autres nations n'en pouvant soutenir la concurrence, n'ont pu trouver quelque ressource pour la leur, que dans un système partiel ou absolu de prohibition. Le secret de tant de succès est, comme nous l'avons dit, dans l'union des monarques anglais avec leurs peuples. Hommes d'états eux-mêmes et secondés par une aristocratie patriotique et vigilante, les prince de l'illustre maison de Brunswick ont toujours suivi ce principe : que pour tenir les rènes de l'État, il ne suffit pas de la médiocrité titrée ou du savoir faire d'un parvenu sans mérite ; ils ont constamment choisi leurs ministres parmi tout ce qu'il y avait de talens distingués, et généralement appréciés. Avec de tels hommes, ils ont pu mieux faire que de donner au jour la journée ; avec de tels conseillers, les actes de leur autorité n'ont jamais manqué de ce caractère de sagesse et de prévoyance qui lègue des bienfaits aux générations à venir comme il pourvoit au bonheur des contemporains.

Tout ce que la politique anglaise a fait pour pouvoir braver en temps utiles le danger d'une concurrence commerciale dans l'Orient porte le même type de prévoyance. Il y avait long-temps qu'elle voyait d'un œil jaloux le colosse du Nord grandir encore et peser sur l'Asie. Depuis le règne de *Pierre-le-Grand*, la Russie s'était fait reconnaître comme puissance en Europe. A peine un demi siècle s'est écoulé depuis ce règne glorieux, qu'une grande princesse, *Catherine d'Anhalt*, montée sur le trône des Czars, développe les moyens de civilisation tentés par ses prédécesseurs, colonise les déserts de la Russie et conçoit le projet de s'emparer du commerce d'Orient dont la tourbe des Osmanlis interceptait les communications. Catherine ne vécut pas assez pour voir couronner ses efforts. La révolution française semblait d'ailleurs lui commander de différer son grand projet, car les premiers cris de notre liberté avaient retenti comme une horrible menace jusque dans le palais de Saint-Pétersbourg.

Mais, appelée à profiter de tous les écroulemens, de tous les amortissemens produits par notre révolution, l'Angleterre jette aussitôt ses regards sur le monde ancien. Malthe devient pour elle un second Gibraltar à l'effet de dominer la Méditerranée dans son centre, comme elle la domine à son entrée. La paix lui assure le protectorat des îles Ioniennes. Plus tard, l'Autriche son alliée naturelle et obligée, s'agrandit aux dépens de ses rivaux, la puissance de Venise vient se fondre dans la sienne, et les armes Austro-britanniques ne forment plus qu'une chaîne contiguë avec celle du sultan de *Constantinople*.

C'est ainsi que par les soins et par l'accord des cabinets de *Saint-James* et de *Vienne*, s'est fortifiée avant l'explosion, la ligue qui paraît devoir défendre l'établissement des Turcs en Europe. Nous disons *établissement*, parce qu'un peuple barbare ne peut trouver une patrie dans la terre conquise sur une nation policée, qu'autant qu'il consent à adopter les lois, les mœurs et la religion de la civilisation. L'on sait que les Ottomans ont toujours fait le contraire.

Comme nous l'avons dit, le danger contre lequel l'Angleterre et l'Autriche semblaient alors vouloir se prémunir, ce danger est imminent aujourd'hui. La Russie n'est plus libre de conserver la paix. La voix de ses peuples, ses intérêts, nous dirons plus, ses grandes destinées l'entraînent dans la lutte; l'heure du réveil de la civilisation de l'Orient va sonner; le peuple grec, ce peuple dont les nobles efforts fixent l'attention du monde, va trouver la garantie de son indépendance dans les effets même d'un système qui semblait le dévouer sans défense aux coups de ses barbares ennemis. Remarquons bien cet enchaînement de volontés d'intérêts, de hasards et d'effets, qui dans la lutte de la régénération de la Grèce, entraîna d'abord les puissances vers un système de neutralité ou plutôt de partialité si impopulaire pour elles, et qui les forcera bientôt à se déclarer les protecteurs de ce même peuple qu'elles semblaient accabler de leur dédain. La main d'une providence qui règle les destinées du monde, s'y montre visiblement, comme le silence gardé par les souverains, même par celui de Russie sur la question de cette émancipation, indique toute la gravité des circonstances.

Un illustre publiciste avait émis l'opinion qu'il aurait suffi, qu'il suffirait encore pour amener la *Porte* à quelqu'arrangement favorable aux *Grecs*, que les cabinets réunis voulussent adresser au *Divan* une note dans laquelle ils exprimeraient collectivement et d'une manière énergique, leur volonté relativement aux affaires du *Péloponèse*. Une telle démarche serait-elle possible? Nous en doutons. La diplomatie ne nous a pas initiés à ses actes secrets. Nous ne pouvons pas affirmer si une pareille note collectivement signée de tous les ambassadeurs, n'a pas été remise au Divan. Nous croyons, toutefois, qu'il en a été remis plusieurs, non pas sous la forme d'un ordre, mais sous celle d'une invitation pressante. Nous croyons même qu'avant de devenir l'allié du pacha d'Egypte et du sultan son suzerain, le gouvernement français a eu l'initiative de ces invitations qui ont été mal accueillies par le Divan; mais nous sommes assurés que jamais aucune note énergique, impérieuse, telle enfin qu'elle devait être pour faire de l'effet sur le sultan et sur son conseil, n'a pu être adressée. Soyons justes avant tout. Ne condamnons pas ici la politique des souverains, sans l'avoir examinée, sans la connaître. Rappelons-nous d'abord, qu'en bonne politique, on ne remet des notes impérieuses, qu'autant qu'on a l'intention et la faculté de les appuyer par les armes. Admettons que les cabinets eussent été assez imprudens pour proclamer une semblable croisade, qu'ils l'eussent mise à exécution; qu'en serait-il résulté? Qu'on aurait chassé les Turcs de l'Europe pour établir les Russes à Constantinople, les Anglais dans les îles de l'Archipel, et les Autrichiens en Morée, en Servie, en Valachie, et plus loin encore. Les autres puissances de l'Europe se seraient trouvées abaissées dans la proportion où la première de celles-ci se serait élevée. Il est de bonnes gens qui voudraient trancher cette difficulté, en établissant à Constantinople un trône indépendant. Malheureusement cela n'est pas si tôt fait que dit. Jamais le cabinet de St.-Pétersbourg ne pourra consentir que cette conquête soit faite pour le compte d'un autre prince que le Czar, ce prince fut-il de la famille de ce dernier. Le grand intérêt de la Russie veut que *Constantinople* et *les positions de la mer Noire* lui appartiennent. Malheur à l'autocrate qui méconnaîtrait cette vérité; il soulèverait contre lui tous les esprits, et il les soulèverait sans arriver à son but, car la force de l'opinion l'obligerait tôt ou tard à rétracter une semblable décision. Les souverains de Russie n'ont pu que différer cette conquête. Ils l'ont fait tant que cela a pu être possible et utile. Mais aujourd'hui d'autres circonstances leur prescrivent une autre politique, et c'est cette politique qui a dû empêcher les souverains de l'occident, de se prononcer en faveur des Grecs. En effet pour secourir une partie d'entre eux, on aurait complètement dérangé la balance politique de l'Europe; on aurait mis les autres peuples sous les pieds de la Russie, et certes, sous ce rapport, on ne peut pas se faire illusion sur le véritable état des choses. La Russie n'est aujourd'hui et ne sera encore dans cent ans et plus, qu'une grande puissance et non une puissance *exclusivement* prépondérante. Qu'on laisse la Russie dans ses limites actuelles, et l'événement le plus probable que l'augmentation progressive de sa population et de son industrie agricole et commerciale puisse amener, sera sa division en deux Empires; mais qu'on lui laisse prendre demain les parties de la Turquie d'Europe qui sont à sa bienséance; qu'on la place ainsi à la source des richesses de l'Orient; qu'on lui laisse la faculté de vivifier par elles son vaste empire, et en moins de dix ans elle aura décuplé ses forces ; on aura rendu toute division *impossible;* on n'aura même pas assez fait pour son ambition que de l'avoir aidée à prendre ce qu'on pouvait lui disputer. En supposant qu'elle dédaigne de s'agrandir encore avec le temps sur ses voisins, elle n'en pèsera pas moins sur le reste de l'Europe, par le joug des exactions commerciales ; elle détruira nos manufactures, soit en les attirant dans ses provinces, soit en leur ôtant tout débouché; elle nous forcera de prendre ses marchandises, sans nous permettre de donner en échange, les nôtres dont elle saura bientôt se passer.

Mais, il est en Europe d'autres causes de conflits qui produiraient probablement leur effet dans le cas d'une guerre en Orient. Il convient de les examiner.

Nous venons dire que la Russie d'aujourd'hui, est une Puissance ordinaire, sous le rapport des moyens d'agression, excepté lorsqu'il s'agira de la Turquie d'Europe qui se trouve, pour ainsi dire, placée sous le poids de ses forces. Nous devons ajouter, que la Russie est une puissance formidable pour quiconque voudrait l'envahir; avantage de sécurité que la seule Angleterre a de commun avec elle (1). Il en résulte que ces deux puissances réunies pourraient impunément remuer et fatiguer l'Europe. Heureusement leurs intérêts sont tellement opposés, que tout accord durable entre elles devient impossible. C'est cet état des choses qui sem-

____

(1) La position, le climat et l'immense étendue de la Russie, lui procurent cet avantage que l'Angleterre trouve également dans sa position insulaire, et dans la prépondérance de ses forces navales.

ble avoir servi de base aux traités de paix de 1814 et de 1815. En relevant de ses ruines, le colosse du corps Germanique, pour en faire un lien d'union (1) entre les empires jadis rivaux d'Autriche et de Prusse ; en laissant en arrière-garde la France avec sa population guerrière et avec sa richesse territoriale, on a cru rétablir la balance politique, de manière à rendre impossible tout nouveau conflit ; mais on a oublié de compter avec les incidens qui sont hors de la prévoyance humaine. Ces incidens sont survenus, et paraissent devoir se multiplier ; ils dérangent tous les calculs de la politique. En effet, ce n'est pas seulement en Orient, que l'orage menace d'éclater ; l'horizon se rembrunit sur tous les points de l'Europe. La concurrence pour la présidence de la confédération Germanique, la discorde qui s'agite en Espagne, l'incertitude des destinées du Portugal, par suite de la mort de son roi, sont autant de motifs d'appréhension, autant de causes probables de guerre, de troubles et de révolutions. Ajoutons encore, que ces causes deviennent d'autant plus menaçantes, que forte si elle n'avait eu pour principe que la justice et l'impartialité, la Sainte-Alliance qui seule pourrait en conjurer l'effet, est affaiblie par l'opposition morale des peuples. Elle cessera d'exister au premier mouvement qui pourrait avoir lieu en Europe. Ce mouvement

____

(1) Tentative bien vaine, peut-être.

est infaillible; il est prochain; nous le répétons. Désormais chacune des puissances rentre dans la sphère naturelle à son principe; de nouveaux débats vont surgir des intérêts mal réglés dans le dernier traité de paix; la guerre sera populaire; le premier coup de canon qu'on tirera, deviendra le signal d'une horrible tempête. Quel est le dieu qui, pour la calmer, osera prononcer le *quos ego?*

Expliquons, toutefois, les motifs de nos appréhensions. La paix de 1815 avait reconnu la prépondérance de cinq grandes puissances; elle avait, pour ainsi dire, rangé en sous-ordre de chacune de ces puissances, une partie des Etats moins considérables que la générosité des potentats avait bien voulu laisser subsister.

L'Espagne, le Portugal, Naples, le Piémont, les autres Etats d Italie, la Suède et le Danemarck au nord, sont plus ou moins soumis à une influence qu'on pourrait appeler le corollaire de la force des grands Etats qui les avoisinent. Une seule masse de petits Etats mérite une attention plus particulière, par rapport au lien de nationalité et de confédération qui les unit; ce sont ceux qui composent le corps Germanique. Faibles, tant qu'on les considère comme divisés, on les trouve riches et puissans, lorsqu'on en vient à calculer l'ensemble de leurs facultés. Leur système militaire, organisé, perfectionné sous l'influence des derniers événemens, présenterait, au besoin, une force armée régulière de quatre cent mille hommes, à celui des souverains qui saurait les attacher à sa cause. Nous ne parlons point ici, d'une révolution qui pourrait réunir sous une même domination, tous ces Etats séparés ; un tel événement choquerait trop d'intérêts, pour être probable ; mais un changement de présidence de la confédération, et l'augmentation des pouvoirs attachés au siége présidial, deviendraient possibles et presqu'inévitables, si jamais la guerre avait lieu. Au premier coup de canon qui serait tiré, l'Autriche et la Prusse lutteraient pour cet utile protectorat. Si la France était ce que le développement franc de ses lois fondamentales devait la faire, elle pourrait se mettre sur les rangs avec plus d'avantage que ces deux puissances. Mais la France qui, deux fois, fut le berceau de l'empire d'Occident, la France qui, par ses élémens de force, est encore la première puissance du continent Européen, la France est comme paralysée par son faux système d'administration ; son mode de gouvernement est impopulaire au-delà comme au-deça du Rhin, parce qu'à travers dix changemens de système, son ministère n'a jamais laissé entrevoir qu'une seule idée fixe, celle de l'arbitraire déguisé sous les formes légales. Décidémènt, la France ne pourrait opérer au-delà des frontières, que par les armes, et leur action paraîtra peu de chose à quiconque voudra calculer ce qu'il en faudrait distraire pour contenir l'Espagne, pour soutenir

chez nous mêmes , des mesures qui sont loin d'a-
voir l'assentiment national.

C'est donc entre l'Autriche et la Prusse, que s'é-
tablirait ce débat, effet naturel du tort qu'ont eu les
fondateurs de la confédération, d'admettre dans son
sein deux grandes puissances au lieu d'une seule
dont l'influence aurait été suffisamment contreba-
lancée par l'union des autres membres de la confédération. Admettons division et opposition d'intérêts , telles qu'une guerre ne manquerait pas de les
produire ; admettons que, dans les événemens à
venir, la Prusse, l'une des grandes Puissances qui
seront en conflit, trouve juste d'avoir sa part dans
les agrandissemens que la guerre peut donner aux
autres Etats; qu'elle veuille, par exemple, s'attacher à la Russie dont la cause l'entraîne par des
motifs qu'il n'est pas même nécessaire de relater ;
que résulterait-il d'une pareille détermination ?
Que, placée entre l'Autriche, la Prusse et la Russie,
la confédération serait forcée de se déclarer, et
qu'elle se déclarerait en effet, pour celui des deux
Souverains le plus rapprochés, dont l'autorité lui
donnerait le moins d'ombrage , en même temps
qu'elle lui paraîtrait plus tutélaire. Par la situation de ses Etats héréditaires qui longent l'Allemagne dans sa plus grande étendue, par sa nationalité, par ses liens de parenté avec presque tous
les princes de la confédération, par son système
de gouvernement plus en harmonie avec les opinions prépondérantes chez les Allemands, le Roi

de Prusse réunit précisément ces avantages. Pour faire valoir la préférence que lui offre cette position, il suffira de la guerre qui paraît devoir éclater. La scène du combat ne se bornera donc pas aux rives du Pruth, ou bien aux confins de la Gallicie ; elle s'ouvrira encore au centre de l'Europe.

En effet, tel est l'état de cette Europe, au milieu du conflit des intérêts lésés par le système de la Sainte Alliance, que la paix ou la guerre pourraient lui être également funestes. Telle est, chez ses peuples, la disposition des esprits, qu'à l'Orient, c'est la paix qui doit amener des troubles, qu'à l'Occident c'est la guerre qui en hâtera l'explosion. Vouloir préciser la marche des grands événemens que l'avenir nous prépare, ce serait témérité de notre part ; mais nous pouvons dès à présent, dire avec une entière conviction :

« Choisissez entre tous ces événemens ; vous verrez toujours la Russie entraînée vers Bizance, par ses espérances, par ses intérêts et par ses craintes ; vous la verrez toujours arriver à ce résultat décisif, quelle que soit l'issue de ses dissentions intestines. Remuez l'Europe dans tous les sens, vous n'obtiendrez jamais de la Russie, l'érection, en cas de succès, d'un trône indépendant à Constantinople. Veut-on assurer son triomphe, en livrant la Turquie à ses envahissemens, sans prêter à celle-ci l'appui des armes ? On souscrira, par ce seul fait, à l'acte d'asservissement des autres États. Veut-on résister par ses propres forces, au mouvement qui pousse le colosse du Nord vers l'apogée de sa puissance ? On mettra le feu au quatre coins de l'Europe ; on armera la Prusse pour la Russie, on placera la couronne des Césars sur l'Aigle du grand Frédéric ; on appellera au dieu Mars, des destinées du monde.

Laissons ce rêve d'une ligue des Puissances civilisées contre la barbarie, de la liberté contre le despotisme, des lumières contre les ténèbres. Cette guerre-là est toute morale, et le succès en appartient à ceux qui savent marcher dans les voies de la raison. Partout où la civilisation fait un premier pas, elle ne rétrograde plus. En peu de siècles, la Moscovie comme la Crimée, la Turquie comme la Tartarie, subiront sa douce loi. C'est la conséquence obligée de cette grande vérité, que l'homme est né pour le perfectionnement, et non pour la dégradation.

Mais, si ce perfectionnement moral est l'objet accidentel du grand conflit qui s'élève à nos yeux, il n'en a pas moins pour mobile des intérêts matériels, quoique rattachés aux conditions les plus essentielles de la société. La lutte, si elle s'engage, nous montrera la civilisation la plus régulière dans sa marche, alliée à tous les restes de la barbarie ; le Moscovite, l'Allemand, le Prussien, proclamant les droits d'un peuple nouveau, et la déchéance du pouvoir barbare des despotes de

l'Orient ; l'Ottoman trouvant des auxiliaires ardens au milieu du parlement Britannique, des
frères d'armes dans les vieilles bandes qui marchent sous le drapeau de Marie (1). Un million
de guerriers combattront de part et d'autre, pour
les destinées nouvelles que la Providence prépare
à la vieille civilisat on de l'Europe.

L'Angleterre et ses alliés apporteront dans cette
lutte les trésors de Golconde, le mobile puissant
des intérêts commerciaux, et des armées nom-
breus s, mais en partie mercenaires.

La Russie s'y présentera avec son zèle religieux,
avec son sauvage patriotisme, avec ses armées
de fer ; la Prusse aura pour elle ses soldats en-
thousiastes, la popularité d'une cause sainte et son
immense influence dans l'Allemagne libre. L'une
des deux ligues frappera de grands coups, en-
vahira comme un torrent, et ne voudra s'arrêter
qu'après la victoire. L'autre tâchera de traîner la
guerre en longueur, et de fatiguer son ennemi, en
épuisant ses finances et ses ressources matérielles.
Telles, du moins, paraissent devoir être les chances
de ce mouvement si probable, qu'on ne saurait
raisonnablement contester, que sur l'époque plus
ou moins rapprochée où il doit avoir lieu. Il est possible, toutefois, que la crainte d'un embrâsement
presque général, retienne encore pendant quelque

(1) L'image de la Vierge est empreinte sur le drapeau
principal des régimens autrichiens.

temps les puissances qui ne sont pas directement attaquées par la Russie; qu'elles veuillent, par exemple, ne se déclarer, que lorsqu'elles auront vu que la Porte ne trouve pas dans le fanatisme musulman, des moyens suffisans pour résister seule; mais, au moindre danger que pourrait courir la capitale de la Turquie, l'Autriche se déclarerait, et l'Angleterre la suivrait de près. La première de ces Puissances peut déployer des forces formidables, si la seconde veut lui ouvrir ses trésors. En même temps, ses armés peuvent opérer, en peu de journées, sur les derrières des armées Russes, et couper leur ligne d'opération.

Maintenant, rapprochons de ces inductions, l'attitude des différentes Puissances, leurs transactions et leurs notes diplomatiques : nous les trouverons préludant, dès ce jour, au grand drame politique qui se prépare.

L'avénement du nouvel autocrate sert de prétexte à la réunion dans la capitale de la Russie, de notables personnages que les Souverains y ont envoyés; mais, de fait, cette assemblée paraît avoir pour objet des relations d'une plus haute importance. C'est un véritable congrès chargé de poser les bases de la nouvelle politique que les circonstances rendent nécessaire. Or, ici même, nous voyons déjà les germes d'une division prochaine. Malgré les vains efforts qu'on fait encore pour relier le faisceau rompu de la Sainte-Alliance, les alliances nouvelles que nous avons signalées, y trahissent déjà le secret de leurs intérêts respectifs. La Russie proteste froidement de son intention de ne point troubler la marche des affaires dans l'occident de l'Europe ; mais elle déclare d'une manière bien plus formelle, qu'elle n'entend prendre conseil que d'elle-même, pour tout ce qui concerne ses démêlés avec la Porte-Ottomane. En même temps l'ambassadeur Russe à Constantinople, remet l'*ultimatum* de son maître, et cette impérieuse notification est faite en des termes qui ne laissent à la Porte, que le choix entre une paix précaire et humiliante, et une guerre désastreuse.

A toutes ces démonstrations qui ne sont guère équivoques; que répondent les autres Puissances? L'Autriche insiste avec force sur le maintien du *statu quo*, et sur la nécessité de faire rentrer les Grecs sous l'obéissance du sultan. Mais, en même temps, convaincue de l'inutilité de ses efforts, elle se tient en mesure de disputer aux Russes la conquête que leur gouvernement médite. On ne saurait nier que, sous ce dernier rapport, l'Autriche n'agisse d'une manière conforme à ses intérêts et à ceux des autres Etats de l'Europe. Tout en feignant de vouloir rester neutre dans ce débat, l'Angleterre, son alliée, s'apprête à prendre pour elle ce protectorat de la Grèce, qui pouvait, à si peu de frais, devenir le partage de la France.... En temps utile, le cabinet de St-James saura se le faire confirmer par la Porte, pour prix des secours qu'il compte lui donner, à l'effet de la mettre en mesure de prévenir de plus grandes pertes. Ainsi, les grandes Puissances continueront de se distribuer ce qui reste de dépouilles en Europe ; la France seule ne trouvera point de compensation au tort qu'elle reçoit de leur agrandissement, à moins qu'on ne veuille considérer comme telle, l'alliance du Pacha d'Égypte, et les bonnes grâces du comité apostolique de Madrid. Le ministère paraît s'en contenter ; mais la nation française qui s'intéresse si vivement à sa gloire, cette noble nation se contentera-t-elle d'un tel partage ? Qui oserait en répondre ? Et pourtant, c'est là tout ce qui reste de la politique suivie par notre cabinet, depuis que nous sommes rendus à nous-mêmes. Que pouvait-il faire de mieux pour satisfaire au désir des Puissances jalouses de notre force et de notre grandeur ? Aussi le cachet de faiblesse que lui imprime la fausse position qu'il a prise, se montre-t-il de toutes parts. Dans les graves débats qui s'élèvent au sujet des affaires d'Orient, chaque Etat adopte un rôle indépendant et convenable ; nos ministres seuls paraissent avoir oublié celui qui leur appartient ; mieux placés que tous les autres, ils n'ont pas craint d'accepter un rôle secondaire. Nos ambassadeurs remettent des notes pathétiques sur le débordement des mauvaises doctrines, et sur la nécessité de maintenir l'équilibre politique de l'Europe ; mais ces notes restent sans effet, parce que l'Etat qu'ils représentent, le seul qui, dans la situation actuelle des choses, puisse maintenir cet équilibre gage d'une paix durable la France; a de la peine à paralyser chez elle, un conflit qui s'élève entre un pouvoir toujours porté à se mettre au-dessus des lois, et une liberté légale qui les défend. Il en résulte, que loin de subordonner leur politique à celle de notre cabinet qui dispose en Europe, de la plus grande masse des moyens matériels, les parties contendantes se flattent chacune, de nous forcer à épouser leur querelle, de traîner notre puissance à la suite de leurs intérêts. Et nos ministres ont la bonté d'être flattés de ces démonstrations qui nous ravalent si visiblement au rang des États du second ordre!!! Que notre rôle serait différent, s'ils avaient adopté à temps une politique digne d'un peuple libre, celle que prescrivait la religion, que prescrivait aussi la probité publique et nationale! Avec une telle politique, nous aurions secondé l'émancipation des Hellènes; ce qu'aucune Puissance n'aurait pu ni voulu nous empêcher de faire (1); et nous pourrions aujourd'hui concourir avec honneur et avec assurance, à mettre des

______

(1) Nous nous sommes déjà expliqués sur cette grave question. La France seule pouvait secourir les Grecs, sans exciter la jalousie des autres Puissances, et sans craindre pour elle d'autres effets de la guerre d'outre-mer, suite de cette démarche, que la suspension momentanée de ses relations commerciales dans les Echelles du Levant. Toutes deux obligées de rester en garde contre la Prusse et contre la Russie, loin de mettre obstacle à une pareille tentative, l'Au-

bornes aux accroissemens effrayans de l'empire de Russie. Mais, qu'est-il besoin de rappeler ici les règles de conduite que nos hommes d'Etat auraient dû suivre? C'est à la réalité que nous devons nous attacher, et cette réalité nous la trouvons toute entière hélas! dans les ruines sanglantes de Missolunghi. Ces ruines célèbres rediront à la postérité, à quels intérêts furent prostitués l'influence et les secours du premier Etat de la chrétienté. Toutefois, le cri d'accusation qui s'élève de ces lieux désolés, désigne déjà. les fauteurs de cette politique pharisaïque, qui, chez nous, sacrifie la religion à l'hypocrisie, l'honneur national aux volontés insultantes et dérisoires des cabinets étrangers, l'intérêt du trône aux prétentions et aux criminelles espérances de quelques Français dégénérés. Ce cri de mort qui retentit dans

triche et l'Angleterre, auraient eu intérêt à décider la *Porte* au sacrifice des provinces insurgées, afin qu'elle restât en mesure de se défendre contre l'invasion dont la Russie la menaçai . Ainsi, la France aurait pu se procurer une alliée perpétuelle qui aurait considérablement ajouté à sa puissance maritime et à ses relations commerciales, en même temps qu'elle aurait vu reporter sur son trône toute la popularité que pouvait lui assurer la défense d'une cause aussi sainte. Nos adversaires, sans doute, ne voudront pas convenir de la justesse de ce raisonnement; mais nous les prévenons, que pour convaincre, il faudra de leur part, plus qu'une simple dénégation. La véritable politique de nos jours n'est pas une politique de mensonge ni de ruse; c'est une science exacte par laquelle on procède du connu à l'inconnu.

toute l'Europe, qui remplit d'horreur tous les cœurs généreux, pénètrera jusqu'au sanctuaire où réside chez nous la puissance suprême. Alors les illusions artificieuses seront dissipées; la vérité, et avec elle, la justice, la gloire et la royauté reprendront leur droits. Alors, au milieu des débats qui agiteront le monde, il ne sera plus question de faire jouer à notre noble patrie, ce rôle de déception qui consisterait pour elle, à garder une honteuse neutralité, tout en faisant de pénibles efforts pour solder, au moyen d'emprunts, des levées de mécontens; à nous supposer triomphans, si nous pouvons, à Madrid, continuer de voir le comité apostolique favoriser le rétablissement de l'inquisition, et chez nous, une législation ridiculement féodale, peser sur l'édifice ruiné de nos libertés.

Alors tomberont aussi les chaînes que portent encore les hommes chargés de diriger les affaires de notre patrie, ou bien d'autres hommes plus fermes et plus sincères seraient appelés au timon de l'État. Ils auraient le noble courage de dire à à la nation : «Pendant long-temps le gouvernement a subi une influence fatale. Ne lui demandez pas compte de ses torts, mais aidez-nous à les réparer!»

Un tel ministère aurait l'assentiment de toutes les classes, de toutes les opinions. Sous sa direction, nos bataillons se formeraient comme par enchantement, pour marcher à la voix de la patrie; aucun sacrifice ne paraîtrait trop grand. Promptement augmentée, notre marine pourrait porter à un

peuple digne de notre intérêt comme de notre alliance, les secours que depuis si long-temps il réclame en vain. Ce peuple nouveau redirait avec autant d'enthousiasme que de respect, le nom du roi
très chrétien, de ce roi qui l'aurait soustrait à la
domination des Puissances civilisées, comme ce
peuple lui-même s'est soustrait à l'oppression des
Barbares.

Forte enfin de son union, de toute sa vigueur
morale et des moyens matériels qu'elle conserve
encore, la France reprendrait le rang qu'elle doit
occuper en Europe. Son poids deviendrait immense dans la balance des intérets politiques;
peut-être même suffirait-il pour garantir l'indépendance des États de l'Occident, quelle que soit
au loin l'issue d'une guerre qui semble inévitable.
L'Italie se jetterait dans nos bras; car, au jour où
l'Autriche amie ou ennem e voudrait étendre sa
domination dans l'Orient, ses forces ne suffiraient
plus pour lui conserver le protectorat de ceux de
ces États où elle ne domine pas héréditairement.

En même temps, forte de notre appui, l'Allemagne pourrait se maintenir indépendante au
milieu du conflit général.

L'Espagne enfin, cesserait d'être pour nous un
objet d'embarras et d'appréhension, parce que,
forcé de suivre notre nouvelle politique, et de
l'adapter au vœu de tout ce qu'il y a chez elle
d'hommes éclairés et respectables, son Gouvernement se trouverait ainsi conduit dans la seule voie
de salut qui lui soit ouverte.

Tels seraient pour la France les résultats si opposés de deux systèmes dont l'un pèse actuellement sur elle, contre toutes les règles de la justice
et d'une saine politique, tandis que l'autre serait
le corollaire obligé de ses lois fondamentales.
Nous ne doutons pas, toutefois, que libres de
choisir, nos ministres ne trouvent encore des rai-
sons spécieuses pour conserver le premier. Mais
nous ne croirions jamais, que ce fût par ignorance,
que ce fût de bonne foi, qu'ils poursuivraient ainsi
la tâche pénible qui leur paraît imposée. Le président du conseil est un homme trop clairvoyant,
pour que nous ne le supposions pas entraîné malgré lui, dans des fautes qu'il a tant de peine à
commettre. L'influence d'une funeste étoile semble l'attirer vers le précipice, comme attirerait le
charme du serpent. Rien ne le retient dans sa
course hasardée. Le gouffre même qui se montre
à ses yeux, ne l'effraie point ; la monarchie est là ;
il compte qu'elle lui servira de planche pour le
franchir; mais, malgré cette pensée, son espoir
l'abandonne par fois, pour faire place aux noirs
soucis qui bientôt seront les seuls compagnons
de sa marche. Quant au but qu'on semble se proposer, nous ne saurions l'envisager, sans frémir
pour ce trône constitutionnel que nous avons dé-
fendu aux jours de danger, et que nous voudrions
prémunir encore contre tout ce qui peut être
fatal à sa sécurité, à ses droits et à sa gloire.

POST - SCRIPTUM.

Au moment où cet écrit va être mis sous presse, on annonce l'importante nouvelle, que la *Porte Ottomane* accède pleinement à *l'ultimatum* de la Russie, et que deux envoyés du *Grand-Seigneur* sont chargés de régler avec des plénipotentiaires Russes bien d'autres points encore, ainsi que les dispositions ultérieures qui pourraient se rattacher aux obligations imposées à la Turquie.

En même temps, le président du conseil des ministres vient de déclarer à nos députés, que la paix de l'Europe ne sera point troublée. Cette déclaration donne à la première nouvelle, un grand caractère de vraisemblance. Il semble en résulter, que nous serions en défaut pour la partie de nos conclusions, laquelle se rapporte à *l'imminence* d'une guerre entre la Russie et la Porte, et à la nécessité où seraient les autres puissances, de prendre, à cette guerre, une part plus ou moins active.

Nous n'avons pas besoin de justifier, pour cela, les raisonnemens qui nous ont servi de base Nos conclusions, seulement , pourraient être considérées comme hasardées ; mais nous pourrions remédier à cet inconvénient, en faisant, (ainsi que nous en avons encore la faculté), disparaître de notre composition, deux ou trois passages où ces faits sont affirmés comme très - probables. Nous pourrions, en parodiant un homme d'État à grandes ressources oratoires, dire que la guerre aura lieu, ou que la paix sera conservée, selon qu'il plaira aux puissances et aux événemens d'en décider. Mais un motif qui résulte de notre propre conviction, nous porte à ne rien changer au texte de notre ouvrage, et à corroborer, au contraire, nos premiers raisonnemens par de nouvelles explications.

D'abord, nous croyons toujours à l'imminence d'une guerre en Orient, et à toutes les conséquences que cette guerre doit avoir pour les autres États de l'Europe, parce qu'elle ne dépend point de quelques griefs particuliers entre la Russie et la Porte, mais bien d'un enchaînement de causes et de nécessités qui en font un devoir de rigueur au souverain de Russie, ainsi que nous l'avons avancé dans la troisième partie de cet écrit.

Ensuite, nous trouvons encore les motifs de cette guerre, dans la position actuelle de la Turquie, et dans l'état de faiblesse qui aurait forcé le Divan à souscrire aux conditions imposées par le souverain de Russie. Supposons (ce qui est vrai), que la *Porte* soit menacée d'avoir la guerre; qu'elle la préfère à un état de paix qui minerait et qui dégraderait sa puissance. Pour se mettre en mesure de la soutenir tant bien que mal, quel parti plus sage pourrait-elle prendre, que celui de souscrire d'abord aux exigences de l'ennemi, afin de gagner, d'une part, le temps nécessaire pour préparer ses moyens de défense, pour voir arriver

les secours de ses alliés; de l'autre, celui d'achever l'extermination des malheureux Grecs? On peut, sans trop de présomption, supposer que ce parti était arrêté entre elle et ses alliés d'Occident. L'essentiel est de savoir si le cabinet de St.-Pétersbourg voudra bien être dupe de cette feinte soumission. Nous en doutons. De nouvelles négociations vont être entamées entre la Russie et la Porte. Ces négociations ne seront pas longues. A travers les prétentions que le Divan ne voudra pas ou ne pourra pas admettre, ces négociations aboutiront à une dernière note fort concluante, et qui pourra se traduire par ces paroles de l'autocrate, à l'ennemi de son peuple et de sa religion : « Passez le Bosphore, vous, vos harems, vos ja-
» nissaires et vos bourreaux, ou bien préparez-
» vous à combattre! »

D'ailleurs, la question de la Grèce reste tout entière. L'empereur de Russie laissera-t-il ses co-religionnaires à la merci des Ottomans et de leurs alliés? Se contentera-t-il de la satisfaction dérisoire du rétablissement d'un ancien ordre politique qui ne peut plus subsister, sans exiger aucune réparation pour les horreurs qui ont été commises? La question de la Grèce, dit-on, est une question Européenne : oui, sans doute. Mais, comment cette question est-elle interprétée par quelques-unes des Puissances ; la Russie, la Prusse, et l'opinion publique de tous les peuples, ne sont-elles pas quelque chose dans la balance des forces de l'Europe ? Or , tant que le drapeau de sang sera levé dans la noble et malheureuse Grèce, tant que les armées formidables de la Russie borderont les confins de l'empire Ottoman, on ne pourra considérer l'Europe que comme en état d'armistice. La soumission même de la Porte, n'est qu'une preuve de plus de ce que nous disons. Si le Divan pouvait opposer la force à la force, et la justice aux exigences de son ennemi, la guerre serait douteuse, et la paix possible.

Mais le Divan répond aux sommations qui lui sont faites , par ses ruses accoutumées ; aux démonstrations de la force, par de feintes soumissions, aux plaintes des peuples opprimés par les persécutions et par le meurtre ; en parlant de paix , le Divan provoque la guerre. Nous avons nommé ceux qui paraissent vouloir se charger de la réponse ; le temps nous apprendra si nous nous sommes trompés.

FIN.

ERRATA.

Page 49, ligne 10, en cas, *lisez* encore.
  56   29, des, *lisez* de.
  69   16, *retranchez* n'est.
  88   23, ministre, *lisez* ministres.
  107   29, concitoyens, *lisez* citoyens.
  133   12, éléveront, *lisez* léveront.
  144   23, ad generum cineres, *lisez* ad generum Cereris.
  145   3, *retranchez* y.
  172   2, durable la France, *lisez* durable ; la France.
  id.   8, des, *lisez* de.

9 782013 576260